창세기를 알면 약속이 보인다

창세기 (상)

유대인들은 그들의 전통에 의해, 책의 첫 번째 단어를 따라 이 거룩한 책을 '베레쉬트'(태초에)라고 이름 지었으며, 헬라어 구약성경인 70인역에서는 창세기의 구조를 이루는 '족보'의 '톨레도트'를 따라 '게네시스'라고 불렀습니다. 오늘날은 70인역의 전통을 따라 라틴어 성경인 벌게이트와 영어 성경과 한글 성경에 이르기까지 '게네시스'(Genesis) 곧 '창세기'로 불립니다.

'모세 오경'이라고 불리는 '창세기 출애굽기 레위기 민수기 신명기' 다섯 권의 책 가운데 창세기는 모세 오경의 모판이 되며, 시작이 되며, 약속이 되는 첫 번째 책입니다. 창세기는 약속의 책입니다. 창세기는 창조로부터 시작하여 타락과 심판, '구속의 청사진'을 보게 합니다.

모세 오경의 각 책은 저마다의 의미와 목적을 가지고 쓰였습니다.

출애굽기는 구속의 책으로 구속과 그 과정을 보여줌으로 성도의 구원의 여정을 알게 하십니다.
레위기는 예배의 책으로 하나님께 나아가는 법과 하나님의 백성으로 사는 법을 알게 하십니다.
민수기는 광야의 책으로 이스라엘 백성들의 그릇된 길을 보여줌을 성도의 바른 믿음의 여정을 가르칩니다.

신명기는 교육의 책으로 모압 언약을 통해서 새로운 세대에게 율법을 반복, 강조, 확장하여 재교육합니다.

모세 오경의 시작으로서 창세기는 창조와 기원에 관하여 말씀하십니다. 천지와 만물의 기원, 사람의 기원, 가정의 기원, 죄의 기원, 예배의 기원, 인류의 기원에 관하여 알게 하십니다. 그러나 창세기는 단지 그 시작과 기원에 관한 말씀을 목적으로 하지 않습니다. 창세기는 구속의 청사진을 보여주며 이것이 바로 약속입니다.

창세기에는 세 번의 시작이 보입니다. 첫 번째 시작은 창조로 말미암습니다. 첫 번째 시작으로서의 창조는 아담의 죄로 말미암아 어그러집니다. 아담의 불순종, 가인의 예배에 대한 실패, 세상에 죄악의 가득함은 첫 번째 창조의 결과를 보여 줍니다. 두 번째 시작은 심판으로 말미암습니다. 노아와 노아의 방주를 통한 하나님의 심판은 새롭게 시작하시고자 하시는 하나님의 뜻을 엿볼 수 있습니다. 그러나 이 또한 바벨탑 사건으로 그 결과를 보게 합니다. 이제 마지막 세 번째 시작은 창조와 심판에 이어 구속하심으로 이루어집니다. 이 구속에 대한 하나님의 뜻이 바로 '약속'으로 이루어지는 것입니다.

하나님의 약속은 실패에 실패를 이은 대안이 아닙니다. 하나님의 약속은 '땅의 티끌', '별', '모래', '사닥다리' 등 이전에 이미 '가죽 옷'과 '무지개' 등을 통해서 알게 하셨으며 말씀은 하나님의 구속은 창조 이전에 하나님의 뜻임을 알게 하십니다.

"곧 창세 전에 그리스도 안에서 우리를 택하사 우리로 사랑 안에서 그 앞에 거룩하고 흠이 없게 하시려고 그 기쁘신 뜻대로 우리를 예정하사 예수 그리스도로 말미암아 자기의 아들들이 되게 하셨으니 이는 그가 사랑하시는 자 안에서 우리에게 거저 주시는 바 그의 은혜의 영광을 찬송하게 하려는 것이라"(엡 1:4-6)

창세기의 구조는 '10개의 톨레도트'로 이루어졌습니다. 아담으로부터 노아까지 10대, 셈으로부터 아브라함까지 10대, 더 나아가 십계명의 10개의 계명은 10개의 톨레도트가 매우 의미적인 것을 알 수 있습니다. 이는 창세기라는 집을 짓는 견고한 뼈대와 같습니다. 비록 그 의미를 분명하고 명확하게 밝히지 못한다고 할지라도 주목해야 할 창세기의 구조입니다.

또 다른 창세기의 구조는 내용적으로 원역사(1-11장)와 족장사(12-50장)로 나누어집니다. 원역사는 창조의 기원과 죄와 심판을 통하여 구속의 서론적인 역할을 하며 족장사는 하나님의 구속의 약속을 인물들의 생애에 담은 것입니다. 곧 족장사의 주역으로 등장하는 아브라함과 이삭과 야곱과 요셉의 이야기는 단지 한 인물의 이야깃거리가 아닌 각각 하나님의 구속의 이야기를 청사진으로 보여주시는 것입니다. 따라서 아브라함과 이삭과 야곱과 요셉의 이야기에서 몇몇 교훈을 얻는 것으로 만족할 것이 아니라 그들의 인생을 통해서 보여주시는 바 하나님의 구속의 청사진을 보아야 하는 것입니다. 이것이 바로 하나님의 약속인 것입니다.

창세기는 '호기심'으로 시작할 수 있을 것입니다. 또는 '재미'로 시작할 수도 있을 것입니다. 이는 어쩌면 우리의 연약함을 위한 하나님의 배려인지도 모릅니다. 그러나 그러한 호기심과 재미 가운데 은혜로 말미암아 결국은 하나님의 약속과 구속으로, 예수 그리스도께로 인도함을 받기를 기원합니다.

차 례

제1부 **원역사 1: 창조와 시작(1장~5장)**

제 1 과　천지창조(1장1-2장3절)······························19
제 2 과　사람창조(2장4-25절)·····························39
제 3 과　인류의 타락(3장1-24절)·····························54
제 4 과　가인과 아벨(4장1-15절)·····························67
제 5 과　두 후손들(4장16-5장32절)·····························77
제 6 과　하나님 아들들의 부패(6장1-8절)······················86

제2부 **원역사 2: 심판과 시작(6장~11장)**

제 7 과　대홍수의 예고(6장9-22절)·····························95
제 8 과　노아의 대홍수(7장1-24절)··························· 106
제 9 과　홍수의 그침(8장1-22절)···························· 114
제 10 과　무지개 언약(9장1-17절)···························· 122
제 11 과　인류의 번성(9장18-10장32절)······················ 127
제 12 과　바벨탑 사건(11장1-26절)························· 139

제3부 **족장사 1: 아브라함의 생애 – 믿음의 성장기(12장~15장)**

제 13 과　부르심과 약속(11장27-12장9절)··················· 147
제 14 과　애굽으로 내려감(12장10-20절)···················· 163

제 15 과   롯과의 분가(13장1-18절)······································ 171
제 16 과   멜기세덱과 소돔 왕(14장1-24절) ····················· 181
제 17 과   횃불 언약(15장1-21절)····································· 188

제4부   **족장사 1: 아브라함의 생애 – 믿음의 성숙기(16장~21장)**

제 18 과   이스마엘의 출생(16장1-16절)···························· 199
제 19 과   개명과 할례(17장1-27절)································· 206
제 20 과   아브라함의 중보(18장1-33절)···························· 211
제 21 과   소돔과 고모라의 멸망(19장1-38절) ·················· 218
제 22 과   아브라함의 그랄 이주(20장1-18절) ················· 224
제 23 과   이삭의 출생(21장1-21절)································ 232
제 24 과   아비멜렉의 방문(21장22-34절) ······················ 238

제5부   **족장사 1: 아브라함의 생애 – 믿음의 완숙기(22장~25장)**

제 25 과   이삭을 바친 아브라함(22장1-24절) ·················· 245
제 26 과   사라의 죽음(23장1-20절)······························ 253
제 27 과   이삭의 결혼(24장1-68절)······························ 259
제 28 과   아브라함의 죽음(25장1-18절)························· 267

참고문헌 ··· 273

창세기의 구조 1 – 원역사

원역사(1-11장) – 구원사의 서론							
창조와 타락					심판과 타락		
톨레도트 1				2	3	4	5
천지창조	사람창조	인류의 타락	가인과 아벨	아담의 계보	노아의 홍수	인류의 번성	바벨탑 사건과 셈의 족보
1장	2장	3장	4장	5장	6-9장	10장	11장

창세기의 구조 1 – 족장사 1

족장사(12-50장)-구원사 1(12-25장)														
초기				중기						말기				
톨레도트 6: 데라의 족보-아브라함의 생애														7
부르심과 애굽 이주	롯과의 분가	멜기세덱과 소돔왕	횃불 언약	이스마엘의 출생	개명과 할례	아브라함의 중보	소돔과 고모라의 멸망	아브라함의 그랄 이주	이삭의 출생	이삭을 바친 아브라함	사라의 죽음	이삭의 결혼	아브라함의 죽음	이스마엘의 족보
12장	13장	14장	15장	16장	17장	18장	19장	20장	21장	22장	23장	24장	25장	

족장사(12-50장)-구원사 2(25-36장)											
브엘세바			밧단아람(하란)						세겜	벧엘	
톨레도트 8: 이삭의 족보-야곱의 생애											9
에서와 야곱	이삭의 그랄 이주	이삭을 속인 야곱	벧엘의 사닥다리	야곱과 라헬	야곱의 아들들	라반의 추격	얍복강의 씨름	야곱과 에서의 화해	디나의 세겜성 사건	벧엘로 올라간 야곱	에서의 족보
25장	26장	27장	28장	29장	30장	31장	32장	33장	34장	35장	36장

창세기의 구조 1 - 족장사 3

족장사(12-50장)-구원사 3(37-50장)													
1기: 시련				2기: 영광					3기: 애굽 이주				
톨레도트 10: 야곱의 족보-요셉의 생애													
요셉의 꿈	유다와 다말	요셉과 보디발의 아내	두 관원의 꿈	바로의 꿈	형제들과 1차 상봉	형제들과 2차 상봉	은잔 시험	자신의 정체를 밝힌 요셉	야곱의 애굽 이주	바로 앞에 선 요셉	에브라임과 므낫세의 축복	야곱의 유언	야곱과 요셉의 죽음
37장	38장	39장	40장	41장	42장	43장	44장	45장	46장	47장	48장	49장	50장

창세기의 구조 2 - 원역사

장절	1-3장	4:1-16	4:17-26	5장	6:1-8
비고	에덴	가인과 아벨	가인의 후손	아담에서 노아까지	네피림
주제	**창조: 아담**	**아담의 아들들**	**인류의 번성**	**10대**	**타락**

주제	심판: 노아	노아의 아들들	인류의 번성	타락	10대
비고	방주	셈과 함과 야벳	셈과 함과 야벳의 후손	바벨탑	셈에서 아브람 까지
장절	6-9:17	9:18-29	10장	11:1-9	11:10-26

창세기상

창세기의 구조 2 - 족장사 1: 아브라함

장절	11:27 -32	12:1-9	12:10 -13:17	14장	15:1 -16:16
비고	데라의 족보	하란에서 가나안	애굽에 내려감 롯과 분가	318명	횃불 언약과 이스마엘
주제	**데라의 자손**	**아브람의 순종**	**죄와 분가**	**소돔을 구함**	**계약과 약속**

주제	**나홀의 자손**	**아브라함의 순종**	**죄와 분가**	**소돔의 심판**	**계약과 약속**
비고	나홀의 후예	모리아 산	그랄로 내려감 이스마엘과 분가	중보	개명 할례와 이삭
장절	22:20-24	22:1-19	20-21장	18:16- 19:38	17:1- 18:15

창세기의 구조 2 - 족장사 2: 야곱

장절	25:19 -34	26장	27:1 -28:9	28:10 -22	29:1 -30	29:31- 30:24
비고	리브가의 야곱 출산	이삭/ 그랄	야곱과 에서의 갈등	하나님이 야곱에게	라반을 섬김	자손의 번성
주제	**약속 출생**	**죄**	**도망**	**사자를 보냄**	**하란에 도착**	**번성**

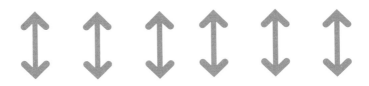

주제	**약속 출생**	**죄**	**귀환**	**사자를 보냄**	**하란을 떠남**	**번성**
비고	라헬의 베냐민 출산	디나/ 세겜	야곱과 에서의 화해	야곱이 에서에게	라반의 추격	재산의 번성
장절	35:1 -22	34장	33장	32장	31장	30:25 -43

창세기의 구조 2 – 족장사 3: 요셉

장절	37장	38장	39장	40 -41장	42 -43장	44장
비고	야곱과 요셉의 분리	유다와 다말	요셉과 보디발의 아내	기근과 정책	10인	은잔 시험
주제	요셉과 형제들	삽화	역전	요셉의 일함	애굽 여행	형제들을 시험

주제	요셉과 형제들	삽화	역전	요셉의 일함	애굽 이주	형제들과 상봉
비고	야곱과 요셉의 분리	야곱의 유언	에브라임과 므낫세	기근과 정책	70인	정체를 밝힘
장절	49:29 -50장	49장	47:28 -48장	47:13 -27	46장 -47:12	45장

창세기(상)

제1부

원역사 1: 창조와 시작

(1-5장)

PART

01

천지창조
1장1~2장3절

Key Point

성경은 하나님의 천지창조로부터 시작합니다. 하나님께서 천지와 만물을 창조하셨다는 창조 신앙은 모든 신앙의 출발입니다. 앞으로 보게 될 바 구속에 관한 것보다도 먼저 하나님의 선하게 창조하심에 관하여 주목하여야 합니다. 구속 또한 사실 하나님께서 창조하신 그 아름다움을 향한 회복으로부터 시작되기 때문입니다. 그러나 성경은 하나님께서 천지를 창조하셨음에 대한 어떠한 이성적인 논리를 우리들에게 전하여 주고 있지 않습니다. 다만 하나님께서 하늘과 땅의 모든 것을 창조하셨음을 모든 세대에게 선포하시는 것입니다.

■ 첫 번째 주어

성경의 첫 번째 주어는 무엇입니까? 성경의 첫 번째 주어는 '하나님'입니다.

"태초에 **하나님이** 천지를 창조하시니라"(1절)

믿음은 내가 주어가 아닌 하나님께서 주어가 되시는 삶을 사는 것입니다. 유명한 시편 23편에는 두 가지 중요한 특징이 나옵니다. 첫 번째 특징은 하나님이 주어가 되신다는 것이며,[1] 두 번째 특징은 하나님에 대한 이야기가 많이 나온다는 것입니다. 하나님을 알기 전에, 하나님을 만나기 전에는 내가 주어가 되며 나의 이야기이나 하나님을 만날 때에 주어가 변화되며 나의 삶의 이야기는 나의 이야기가 아닌 하나님의 이야기로 채워지는 것입니다. 이제 창세기를 우리가 배워 나아가는 것은 바로 우리들의 삶이 바로 하나님의 이야기임을 배우게 되는 것입니다.

---

1) "여호와는 나의 목자시니 내게 부족함이 없으리로다"(시 23:1)

■ 창세기의 구조

창세기는 크게 두 부분으로 1-11장과 12-50장으로 나뉩니다. 1-11장을 원역사라 하고, 12-50장을 족장사라 말합니다. 자칫 잘못하면 1-11장을 역사가 아닌 신화로 여기고 12-50장의 족장사를 역사로 생각하기 쉽습니다. 그러나 1-11장은 12장으로부터 이루어지는 하나님의 새로운 구원의 역사의 서론적인 역할을 하는 것입니다.[2]

창세기에는 세 번의 시작에 관하여 전합니다. 첫 번째 시작은 창조에 의한 시작입니다(창 1장). 그러나 창조의 시작은 인간의 죄와 불신앙으로 새로운 시작이 불가피하게 되었습니다. 두 번째 시작은 하나님의 심판에 의한 것입니다. 이는 노아의 홍수로 말미암은 것입니다(창 6-9장). 첫 사람 아담은 창조의 사람이며, 노아와 그 가족은 하나님께서 심판 후에 남긴 자들로 하나님의 새로운 시작을 의미하는 것입니다. 그러나 이러한 심판으로도 여전히 세상은 죄로 가득하게 되었으며 바벨탑 사건은 두 번째 시작의 암울한 결과의 절정입니다. 이제 마지막 세 번째 시작은 바로 하나님의 구원사가 되는 것입니다. 아담은 첫 번째 하나님의 시작을 대표하며, 노아는 두 번째 시작을, 아브라함은 세 번째 시작을 대표합니다. 이러한 의미에서 하나님의 구체적인 구원사에 대하여 1-11장은 그 서론적인 역할을 한다고 할 수 있습니다.

창세기의 구조에 있어서 또한 주목해야 할 바는 창세기 전체에 나열

---

2) 박호용, 『창세기 주석』(서울:예사빠전, 2015), 18쪽.

된 10개의 톨레도트(족보)입니다. 창세기 이후의 말씀은 '장소'를 중심으로 이루어짐에 반해 창세기는 톨레도트(족보) 중심으로 구성됩니다. 이는 창세기의 뼈대가 되며 전체를 하나로 묶는 역할을 합니다. 이 족보는 출애굽기의 10가지 재앙과 10계명처럼 10이라는 의도성을 가지고 구성되었으며 하나님의 구원사로서 세속사와 구별되어 하나님의 섭리와 믿음의 승리를 보여줍니다.

■ 창세기의 10개의 톨레도트(족보)

No	톨레도트(족보)	성경 본문
1	천지가 창조될 때의 내력	창 2:4-4:26
2	아담의 계보	창 5:1-6:8
3	노아의 족보	창 6:9-9:29
4	노아의 아들 셈과 함과 야벳의 족보	창 10:1-11:9
5	셈의 족보	창 11:10-26
6	데라의 족보	창 11:27-25:11
7	이스마엘의 족보	창 25:12-18
8	이삭의 족보	창 25:19-35:29
9	에서의 족보	창 36:1-37:1
10	야곱의 족보	창 37:2-50:26

창세기 1-2장은 구약 안에서 가장 이해하기 어려운 부분입니다. 그러므로 마틴 루터는 창세기의 창조 기사는 구약에서 제일 마지막에 읽

어야 한다고 하였습니다. 즉 창조 이야기는 구약 전체를 이해한 후에 읽어야 비로소 그 의미를 알 수 있으며 창세기 1-2장은 구약 신앙의 전체적인 맥락에서 읽어야 한다는 뜻입니다.[3] 그러므로 창세기 1-2장의 말씀은 열린 마음과 겸손함으로 주의하며 다루어야 할 본문이 됩니다.

창세기 1장은 천지창조에 관하여 연대기적인 순서에 따라 전합니다. 이는 분명히 창세기 2장과 구별됩니다. 창세기 2장의 창조는 연대기적인 관심보다는 인간 중심으로 기록되었기 때문입니다. 그러나 이러한 구별과 차이에도 불구하고 창세기 1-2장은 하나님의 창조에 관하여 우리들에게 전하여 주심으로 창조 신앙에 관하여 가르칩니다. 창조 신앙은 모든 신앙의 근원이며 출발입니다. 구속 신앙 또한 창조 신앙으로부터 시작되는 것입니다.

■ 창세기 1장1-2장3절의 구조적 이해

    창 1:1-5: 첫째 날의 창조[4]
    창 1:6-8: 둘째 날의 창조
    창 1:9-13: 셋째 날의 창조

---

3) 김영진, 『토라: 오경입문서』(서울: 한들, 2005), 91쪽.

4) 일반적으로 창세기 1장1-5절은 창조의 상황(1-2절)과 첫 번째 날의 사역으로(3-5절)로 구분되게 생각되어 왔으나 1-2절을 단순한 상황절로서 이해하지 않고 본 책에서는 첫째 날의 사역 안에 포함시킵니다.

창 1:14-19: 넷째 날의 창조

창 1:20-23: 다섯째 날의 창조

창 1:24-31: 여섯째 날의 창조

창 2:1-3: 일곱째 날과 안식일

1. 성경은 하나님의 천지창조에 관하여 어떻게 말씀하시고 있습니까?(1절)

말씀은 천지창조에 관하여 성경을 통해서 증언하시면서 이에 대한 어떠한 일체의 논리적인 설명을 하지 않으십니다. 성경은 과학적이며 논리적인 글이 아니라 살아계신 하나님의 선포로서 믿음과 신앙 안에서 열리는 것입니다(How vs Why, 과학적 사고 vs 신앙적 사고, 헬라적 사고 vs 히브리적 사고).

하나님께서는 믿음의 사람들을 '증인'으로 부르셨습니다. 참된 전도자는 증인 된 사람들입니다. 먼저 하나님을 만난 사람이 되어 누군가에게 자신이 만난 하나님을 전하는 것입니다. 우리가 누군가에게 영향력을 끼치지 못하는 중요한 요인은 우리의 설명과 논리의 부족함에 있는 것이 아닌 우리가 변화된 사람이 되지 못함에 기인합니다.

2. 1절과 2절의 관계에 관하여 연구하여 봅시다(1-2절).[5]

1절: "태초에 하나님이 천지를 창조하시니라"

---

5) 유재원, 『창세기 강해 제1장』(서울: 민영사, 1994), 14-29쪽.

2절: "땅이 혼돈하고 공허하며 흑암이 깊음 위에 있고 하나님의 영은 수면 위에 운행하시니라"

창세기 1장1절과 2절의 관계는 매우 어려운 관계로 이견이 존재합니다. 그러나 대체적으로 다음의 세 가지 견해로 정리하여 볼 수 있습니다.

첫째, 제목설입니다. 이는 1절 자체를 6일 창조 사역에 직접적으로 포함시키지 않고 하나님의 창조에 대한 '타이틀'(제목)으로 붙여진 것으로 보는 것입니다. 그러나 이는 출애굽기 20장11절에 위배되어 하늘과 땅의 첫째 날 창조에 대하여 부인하게 됩니다.

"이는 엿새 동안에 나 여호와가 하늘과 땅과 바다와 그 가운데 모든 것을 만들고 일곱째 날에 쉬었음이라 그러므로 나 여호와가 안식일을 복되게 하여 그 날을 거룩하게 하였느니라"(출 20:11)

둘째, 갭 이론입니다. 1절의 창조와 3절의 창조를 각기 다른 창조로, 두 번의 창조로 보는 것입니다. 1절의 창조를 완전한 창조로 보나 이는 천사의 타락과 함께 2절의 '혼돈과 공허'된 세상이 되고 결국 3절 이하의 두 번째 재창조를 주장하는 견해입니다.[6] 그러나 이러한 견해는 성

---

6) 유동근, 『창세기 강해』(서울: 벧엘, 2004), 13쪽.

경적으로 희박한 근거를 가지며, 출애굽기 20장11절, 하늘과 땅의 6일 창조에 대하여 부정하는 것입니다. 이에 대하여 H. Morris는 '이같이 1절과 2절 사이에 시간적 갭을 삽입하는 것은 성경적 창조 연대와 지질학적 연대상의 조화를 꾀하기 위한 거실(room)을 만들기 위함이다' 라고 하였습니다.[7]

셋째, 종속론으로 1절이 2절의 부대상황으로 종속된다는 견해입니다. 이는 1절을 독립적으로 보지 않고 '하나님이 천지 창조를 시작할 때에'라고 보는 것입니다. 이는 결국 '무에서 유'로의 창조에 대한 부인하는 견해가 됩니다.

따라서 1절은 제목설과 같은 제목이 아닌 실제적인 창조이며, 갭이론에서 주장하는 창조의 6일 밖의 창조가 아닌 첫째 날의 창조이며, 종속론의 무에서 유의 창조를 부정하는 창조의 상황이 아닌 첫째 날의 창조가 됩니다.

이 론	단점	첫째 날의 창조
제목설	창조 자체의 부정	첫째 날의 '창조'
갭이론	6일 밖의 창조	'첫째' 날의 창조
종속론	유(有)에서 유(有)로	무(無)에서 유(有)로의 창조

---

7) Henry M. Morris, 『The Genesis Record』, p. 46.

3. 창조의 '바라'와 '아사'를 구분하여 봅시다.

　하나님의 천지 창조에 있어서 창세기 1장에는 창조라는 말이 총 5번 나옵니다. 창조하다는 말은 '바라'인데 이는 '무에서 유'로의 창조를 의미하며 '유에서 유'로의 만들다는 '아사'와 구별됩니다. 하나님께서는 천지를 창조하셨으나(1절) 궁창은 만드셨습니다(7절).

　창세기 1장에 나온 창조, 곧 바라는 총 5회로 1절(1회), 21절(1회), 27절(3회)[8]로 총 5회입니다. 이는 각각 대표성을 가지며 1절은 물질의 창조를 대표하며, 21절은 생물을 통해서 생명의 창조를 대표하며, 27절은 사람을 통해서 영혼의 창조를 대표합니다. 물질도, 생명도, 영혼도 다 하나님의 지으신 바가 되는 것입니다.

'바라'	의미
1절(1회)	물질의 창조
21절(1회)	생명의 창조
27절(3회)	영혼의 창조

---

8)　개역개정의 번역에 있어서는 2회이나 히브리 원전에서는 3회입니다.

4. 창조론과 진화론을 대조하여 봅시다.

진화론은 종의 변천을 이야기합니다. 그러나 창세기 1장에서는 '종류대로'라는 말씀이 무려 10번이나 나옵니다. 이는 만물은 종의 변천으로 말미암은 것이 아닌 '종류대로' 지어진 하나님의 창조의 결과임을 성경은 밝힙니다. 진화론과 창조론은 전혀 다른 가치관을 제시합니다.

진화론에는 3대 정신이 있습니다. 그것은 '우연'과 '물질'과 '오랜 시간'입니다. 어떠한 이유에서 우연하게 어떠한 물질이 만들어졌고 이 물질은 우연하게 변종을 일으키며 오랜 세월 동안 진화되어 왔다는 것이 바로 진화론입니다. 그러나 이러한 진화는 '낙관론적인 진화'입니다. 세계를 낙관적으로 보는 것입니다. 진화론은 그 원리상 부정적인 의미를 가지고는 성립될 수 없습니다. 이것은 진화론의 큰 정신으로 진화란 '무질서에게 질서로 향한다는 정신'입니다. 과학문명의 발달은 이러한 진화론적인 세계관을 더욱 긍정적으로 만듭니다. 빠른 속도의 과학문명의 발달은 곧 세계에 유토피아가 건설될 것으로 기대하게 합니다.

진화론의 3대 정신
① 우연　②물질　③ 오랜 시간

그러나 성경적인 가치관은 이러한 진화론과 전혀 다른 가치관을 제공합니다. 먼저 세상은 더 이상 손댈 필요도 없이 아름답게 창조되었습니다. 그러나 세상에 죄가 들어왔을 때에 세상은 절대적으로 더 악하게 되었다는 것입니다. 아무리 우리가 복음을 전한다 할지라도 세계는 더

욱 악하게 되어 있습니다. 그리고 그 끝에는 심판이 있다는 것이 바로 성경적인 가치관입니다. 왜 성경적인 가치관은 비관적인 가치관을 가집니까? 그것은 세상에는 죄가 있고 이 죄로 말미암아 세상은 결코 낙관적일 수 없다는 것입니다.

5. '혼돈'과 '공허'의 의미는 무엇입니까?(2절)

'땅이 혼돈하고 공허하며 흑암이 깊음 위에 있고 하나님의 영은 수면 위에 운행하시니라'(2절)

땅이 혼돈하고 공허하였다는 것은 바르지 못한 번역입니다. 이는 오해를 불러일으키기 때문입니다. 혼돈은 어지럽혀진 무질서를 의미하는 것이 아닌, 아직 질서가 부여되지 않고 어떠한 형체가 없음을 의미하며 (formless), '공허'라고 함은 허망하다거나 황폐화되었음을 의미하는 것이 아닌, 그 안에 아직 아무도 거주하고 있지 않음을 뜻하는 것입니다(empty). 하나님께서 천지를 창조하셨고 아직 이 세상은 어떠한 모양도 제대로 갖추어지지 않았고 그 안에 누가 살지도 않았습니다. 그러나 하나님께서는 그러한 하늘과 땅에 하나님의 창조의 산물들로 채우시기 시작하신 것입니다. 오늘 우리는 우리들의 삶 가운데도 아직 그 형체가 나타나지 않은 그 무엇인가를 하나님께서 만지심을 알아야 합니다. 마치 흰 도화지 위에 화가의 놀라운 그림이 그려지듯, 아무런 형체도 없는 진흙 덩어리가 토기장이의 손에 의해서 아름다운 토기로 빚어지듯 하나님께서는 지금도 우리의 삶을 만지시고 만들어 나가신다는 것을 알아야 합니다. 바로 이것이 창조의 신앙입니다. 우리는 우리를 만지시는 주님께 순종함으로 우리의 삶을 드려야 할 것입니다. 그리고 태초에 하나님께서 그리하셨던 것 같이 우리의 삶이 하나님의 손에 의해서 빚어지게 하는 것입니다.

6. 첫째 날에 창조된 것들은 무엇입니까?(1-5절)

  3절 이하의 빛만이 첫째 날의 창조물이 아닌 1-5절의 말씀 전체가 첫째 날의 창조에 해당됩니다. 그러므로 첫째 날의 하나님의 창조는 '하늘과 땅', '물', '어두움', '빛'이 됩니다.

  "그가 큰 음성으로 이르되 하나님을 두려워하며 그에게 영광을 돌리라 이는 그의 심판의 시간이 이르렀음이니 하늘과 땅과 바다와 물들의 근원을 만드신 이를 경배하라 하더라"(계 14:7, 참고: 출 20:11, 사 45:7, 시 104:20)

7. '하나님께서 보시기에 좋았더라'는 말씀에 관하여 연구하여 봅시다.

  첫째 날 하나님의 사역은 빛의 창조만이 아니었습니다. 이미 하나님께서는 천지를 창조하셨고, 흑암과 물을 창조하셨습니다. 그럼에도 불구하고 하나님께서는 빛이 하나님의 보시기에 좋았던 이유는 '빛과 어두움'의 상대적인 의미에서 '빛'이 좋으셨던 것도 아니며, 첫째 날 사역의 대표성을 가지고 빛이 좋으셨던 것도 아닙니다. 이는 하나님의 6일 창조의 모든 날에 적용되는 두 가지 원칙에 부합될 때에 좋으셨다는 말씀의 선언이 있음을 확인하 수 있습니다.

첫 번째 원칙은 '존재 명령'입니다. 빛이 보시기에 좋았던 것은 빛이 어두움보다 우월했기 때문이 아닌 빛에 대한 존재 명령이 있었기 때문입니다. 물론 하나님께서는 어두움도 말씀으로 창조하셨음에 의심의 여지가 없습니다. 그럼에도 불구하고 그 말씀의 생략이 곧 보시기에 좋았더라는 말씀의 생략으로 이어지는 것입니다.

"하나님이 이르시되 빛이 있으라 하시니 빛이 있었고 빛이 하나님이 보시기에 좋았더라"(3-4절)

놀라운 것은 빛을 향하여 보시기에 좋았더라고 말씀하셨고, 땅의 짐승과 땅의 기는 모든 것을 향하여서 보시기에 좋았더라고 말씀하셨음에도 불구하고(25절) 사람을 지으시고 좋으셨다고 말씀하시지 않으셨습니다. 어떠한 사람은 사람이 죄를 지을 것을 아시고 좋으셨다는 말씀을 하지 않았다고 하나 만일 그렇다면 하나님께서는 그리스도의 구속으로 말미암은 사람을 바라보시며 더욱 좋으셨다고 하셨을 것입니다. 이처럼 하나님께서 사람을 향하여서 좋았더라는 말씀이 생략됨은 곧 사람의 창조에 있어서는 존재 명령이 없었기 때문입니다.

이는 아주 중요한 영적인 교훈을 줍니다. 곧 하나님의 말씀에 대한 순종이 얼마나 하나님을 기쁘시게 하는가 하는 것입니다. 말씀이, 순종이 창조의 기쁨보다 더 큰 기쁨을 하나님께 드림을 깨달아야 할 것입니다.

"주를 기쁘시게 할 것이 무엇인가 시험하여 보라"(엡 5:10)

"사무엘이 이르되 여호와께서 번제와 다른 제사를 그의 목소리를 청조하는 것을 좋아하심 같이 좋아하시겠나이까 순종이 제사보다 낫고 듣는 것이 숫양의 기름보다 나으니"(삼상 15:22)

하나님께서 보시기에 좋았더라는 말씀은 창조의 6일에 있어서 7번 나옵니다. 그러나 보시기에 좋았더라는 말씀은 매일 있었던 것은 아닙니다.

첫째 날	1번	넷째 날	1번
둘째 날	없음	다섯째 날	1번
셋째 날	2번	여섯째 날	2번

곧 두 번째 날에는 하나님이 보시기에 좋았더라는 말씀이 없으며 셋째 날에는 2번이나 좋았더라고 말씀하십니다. 이는 둘째 날은 좋으심이 없었고 셋째 날에 두 배로 좋으셨음을 의미하는 것이 아닙니다. 하나님께서 좋으심에 두 번째 원칙이 여기에 있습니다. 두 번째 원칙은 '창조의 완성'으로 말미암습니다. 하나님께서는 '사람이 혼자 사는 것이 좋지 아니하니'(18절)라고 말씀하셨습니다. 이는 하나님의 완성은 남자와

여자를 통해서 이루어지기 때문입니다. 빛이 어두움보다 더 나음이 아닌 어두움의 완성은 빛으로 말미암습니다. 이제 두 번째 날에 좋으셨다는 말씀이 생략됨은 두 번째 날의 하나님의 창조의 사역이 세 번째 날에 완성이 되기 때문입니다. 어두움과 빛의 완성은 이제 하늘과 땅과 바다의 완성으로 이어집니다.

이는 중요한 두 번째 영적인 교훈을 줍니다. 하나님께서는 우리들에게 맡겨진 일들이 완성되는 것을 기뻐하십니다. 그러므로 자신에게 맡겨진 일들, 하나님께서 우리들을 통해서 시작하게 하신 일들을 마침내 이루어 하나님의 기쁨이 되어야 할 것입니다.

8. 성경에서 선하다는 의미는 어떠한 뜻을 가지고 있습니까?

히브리인에게는 최상급이 없습니다. 다만 같은 말을 반복하여 최상급을 표현합니다. 특별히 성경은 하나님의 천지창조에 관하여 완전수인 일곱 번이나 좋으셨다고 표현하고 있습니다. 성경에서 선하다는 의미는 윤리적이며 종교적인 의미가 아닌 하나님의 목적과 뜻에 맞는가를 의미하는 것입니다. 아무리 빛이라 할지라도 하나님의 목적에 어긋날 때에 그것은 마치 광명의 천사(사단: 루시퍼)가 하나님을 저버렸듯이 악한 것이며 아무리 어두움이라 할지라도 그것이 하나님의 뜻에 맞을 때에는 선하게 되는 것입니다. 그러므로 우리는 성경에서 선하다는 말씀을 읽을 때마다 그것이 하나님의 뜻과 목적과 관련이 있음을 알아야 합니다.

9. 첫째 날에 첫 번째로 나누어진 빛과 어두움에 대하여 이원론적 견해와 창조론을 비교하여 봅시다.

"나는 빛도 짓고 어둠도 창조하며 나는 평안도 짓고 환난도 창조하나니 나는 여호와라 이 모든 일들을 행하는 자니라 하였노라"(사 45:7, 참고: 시 104:20, 롬 14:14, 딤전 4:4)

이원론에서는 빛은 선하고 어두움은 악하다고 말합니다. 그러나 창조에 있어서 빛과 어두움이 다 하나님의 뜻 가운데 있기에 모두 선한 것입니다. 빛 자체와 어두움 자체가 선과 악을 나누는 기준이 아니라 모든 것이 하나님의 선하신 목적과 뜻 안에서 선하게 되는 것입니다. 그러나 성경은 또한 빛의 자녀와 어두움의 자녀를 구분함으로 빛과 어두움을 구분합니다. 그것은 창조의 빛에 대한 것이 아니라 참빛 되신 예수 그리스도에 의한 자녀들과 예수 그리스도를 저버린 세상 자녀들과의 구분을 위한 것으로 빛과 어두움에 대한 윤리적인 견해가 아니라 바로 예수 그리스도와의 관계적인 비유의 가르침입니다.

이제 하나님이 보시기에 좋았더라는 말씀은 다음의 네 가지로 정리할 수 있습니다.

첫째, 말씀과 성취가 하나님을 기쁘시게 합니다.
둘째, 사역의 완성이 하나님을 기쁘시게 합니다.
셋째, 사역의 목적이 하나님을 기쁘시게 합니다.

넷째, 존재가 하나님을 기쁘시게 합니다.

10. 하나님의 천지창조의 내용에 관하여 정리하여 봅시다(1-31절).

6일간의 천지 창조의 내용과 그 구조와 그 질서는 깊은 연구를 요망합니다.

창조의 날	창조물	창조의 날	창조물
첫째 날	천지(하늘과 땅), 물, 어두움, 빛	넷째 날	광명
둘째 날	궁창	다섯째 날	어류, 조류
셋째 날	땅(뭍) 바다, 풀, 씨 맺는 채소, 씨 가진 열매 맺는 나무	여섯째 날	육축, 기는 것, 땅의 짐승, 사람

창조의 6일은 첫째 날은 넷째 날과, 둘째 날은 다섯째 날과, 셋째 날은 여섯째 날과 상응합니다. 첫째 날 빛은 넷째 날 빛을 비추는 발광체를 만드심으로 상응하며, 둘째 날 물과 궁창의 분리는 다섯째 날에 물에는 물고기를, 궁창에는 조류를 창조하심으로 나타나며, 셋째 날 땅과 식물을 준비하심으로 여섯째 날 그곳에서 살아가며 그곳에서 나며, 먹거리를 얻는 동물과 사람을 창조하신 것입니다.

11. 하나님의 형상으로서의 사람에 관하여 살펴봅시다(26-27절).

인간의 창조는 갑작스러운 하나님의 계획이 아닌 창세 전에 이미 이루어진 것입니다(엡 1:4). 그럼에도 불구하고 하나님의 창조에 대한 계획을 밝힘은 한편으로 삼위 하나님 자신에 대한 계시이며, 다른 한편으로는 세상을 창조하신 목적이 바로 사람에게 있음을 밝히심이 됩니다. 인간은 하나님의 창조의 단순한 일부분이 아닌 창조의 면류관이 됩니다.

하나님의 형상의 구체적인 의미에 관해서는 신학적인 이견이 존재하지만 우리는 이 하나님의 형상으로서의 인간이 하나님과의 관계 속에 있으며 또한 하나님의 형상으로서의 관계를 가지고 피조물과의 관계가 이루어져야 함을 배웁니다. 곧 하나님의 형상으로서의 하나님과의 관계를 상실한 채 피조물과의 관계는 왜곡된 관계이며 사람의 본연의 가치는 하나님과의 관계 속에서 이루어지는 것입니다.

12. 하나님께서 사람에게 주신 복과 세 가지 명령은 무엇입니까?(28절)

하나님께서는 22절에서 어류와 조류를 향하여 복을 주심과 같이 28절에서는 사람에게 복을 주셨습니다. 그러나 사람에게는 다섯째 날에 주셨던 복에 추가적인 복이 포함됩니다. 사람에게 주신 복은 다른 피조물에게 주신 복보다 더 높은 차원의 복이 되는 것입니다. 이 복은 하나님께서 사람에게 명하신 세 가지 큰 명령과 관련됩니다.

하나님의 세 가지 명령은 첫째, 생육하고 번성하여 땅에 충만하라는 것이며 둘째, 땅을 정복하라는 것이며 셋째, 바다의 고기와 공중의 새와 땅에 움직이는 모든 생물을 다스리라는 것입니다. 곧 온 땅에 사람이 번성하여 충만케 되는 것은 하나님의 명령이며 또한 축복입니다. 이 땅에 대한 정복에 관하여, 사람은 일월성신을 섬기고 숭배하는 자가 아니라 세상을 정복하는 자로, 더 나아가 청지기적인 사명을 가지고 세상을 다스리는 사명을 받은 자로 부르심을 받았음을 가르치는 것입니다.

13. 하나님께서 사람과 다른 피조물들에게 식물로 주신 것은 각각 무엇입니까?(29-30절)

먼저 사람에게는 온 지면의 씨 맺는 모든 채소와 씨 가진 열매 맺는 모든 나무를 식물로 주셨으며 땅의 모든 짐승과 공중의 모든 새와 생명이 있어 땅에 기는 모든 것에게는 푸른 풀을 식물로 주셨습니다.

14. 하나님의 천지창조에 있어 일곱째 날은 어떠한 날입니까?(2장1-3절)

일곱째 날은 천지창조의 일을 마치신 날이며 하나님께서 안식하신 날이며 하나님께서 복을 내리시고 거룩하게 하신 날입니다. 일곱째 날은 창조의 진정한 완성이 이루어진 날입니다. 일곱째 날을 지키며 의미 있는 것은 단순히 그 날을 지키는 날에 의미가 있는 것이 아니라 이 날을 지킴으로 우리는 천지와 만물을 하나님께서 창조하셨음을 고백하며 하나님께 예배함에 의미가 있는 것입니다.

묵상

01   하나님의 창조의 이야기가 내게 주는 교훈에 관하여 나누어 봅시다.

02   하나님의 형상으로서의 인간이 우리들에게 주는 메시지는 무엇입니까?

03   창조 신앙에 관하여 나누어 봅시다.

되새김

성경은 하나님의 천지창조와 그의 선하심에 관하여 첫 장을 할애하였습니다. 이는 전체적인 창조의 모습을 우리들에게 보여주시는 것이며 믿음의 사람들의 근원적인 신앙고백을 담고 있는 것입니다. 오늘날 우리는 하나님의 창조의 아름다움이 깨어지고 참된 안식이 깨어진 세대를 살고 있습니다. 그러나 우리는 다시 한번 하나님의 선하신 창조와 보전과 완성의 모습을 창세기 1장에서 찾아야 할 것입니다. 이는 곧 하나님 비전의 청사진인 것입니다.

PART

02

사람창조
2장4~25절

Key Point

1장1-2장3절까지는 일반적인 하나님의 천지창조에 관한 이야기입니다. 그것은 순서에 따라 연대기적으로 배열되어 있음에 반하여 2장4-25절은 하나님의 창조에 있어 사람의 창조하심에 관하여 보다 밀도 있게 소개되고 있습니다. 즉 2장의 창조는 하나님과 인간의 관계 속에서 다루어지고 있습니다.

창세기 1장은 천지창조를 각 날을 중심으로 질서 있게, 순서적으로 배열됨에 반하여 2장은 '인간 중심'으로 말씀하시고 있습니다. 따라서 1장의 말씀과 2장의 말씀이 어긋나게 보이는 부분이 있다고 하더라고 그것은 서로 모순된 것이 아니며 다만 그 바라보는 안목이 다를 뿐이라는 것을 염두하여야 할 것입니다.

하나님께서는 이 세상을 창조하셨지만 세상을 인간 중심으로 창조하셨음을 알아야 합니다. 인간은 세상의 중심에 있는 것입니다. 넷째 날을 위하여 첫째 날의 예비하심이 있었고, 다섯째 날을 위하여 둘째 날의 예비하심이 있었으며, 여섯째 날을 위하여 셋째 날의 예비하심이 있었습니다. 그리고 이 모든 창조는 사람을 위한 하나님의 예비하심입니다. 사람은 창조의 중심입니다. 하나님께서 이처럼 인간을 세상에 중심에 두심은 인간으로 하여금 교만하게 하시는 것이 아닙니다. 세상에 중심에 있는 인간은 자신의 중심에 하나님을 두어야 합니다. 이것이 바로 신앙입니다. 하나님께서 세상과 만물을 인간 중심으로 만드시고 운행하시는 것과 마찬가지로 우리들은 이제 삶의 중심에 하나님을 두고 살아야 하는 것입니다.

성경에 하나님은 '엘로힘'이고 여호와는 '야훼'로 되어 있습니다. 이제 여호와 하나님, 야훼 하나님으로 하나님의 신명이 나타나고 있는 것은 주목하여 보아야 할 말씀이 됩니다. 엘로힘은 보통명사로서 '신'을 뜻하고 야훼는 고유명사로서 이스라엘 하나님의 특별한 이름입니다. 하나님께서 자신을 단순히 신으로 사람에게 나타내시지 않으시고 '야훼' 하나님으로 나타내심은 하나님께서 우리들과 더 깊은 교제를 원하신다는 것을 의미하는 것입니다.

■ 창세기 2장3-25절의 구조적 이해

　　창 2:4-7: 인간창조

　　창 2:8-9: 에덴 동산을 창설하심

　　창 2:10-14: 에덴에서 발원한 4강

　　창 2:15-17: 선악을 알게 하는 나무의 열매를 금하심

　　창 2:18-23: 돕는 배필을 지으심

　　창 2:24-25: 가정을 세우심

1. 첫 번째 '톨레도트'(족보)에 관하여 살펴봅시다(4절).

　"이것이 천지가 창조될 때에 하늘과 땅의 내력(톨레도트)이니..."

　'내력'으로 번역된 톨레도트는 창세기의 10번에 걸쳐 나오는 가운데 첫 번째 톨레도트입니다. 첫 번째 톨레도트는 나머지 톨레도트와 달리 사람이 아닌 '천지'를 대상으로 하는 특징이 있습니다. 톨레도트는 '얄라드'라는 '아기를 낳다', '생기다', '발생하다'라는 동사에서 나온 말입

니다. 톨레도트는 무엇에 의해 생겨난 것을 가르침으로 무엇에 뒤이은 이야기를 전합니다. 곧 천지의 톨레도트는 천지 창조의 순서가 아닌 창조된 것들을 설명함으로 1장의 내용을 더욱 구체적으로 살피게 합니다.

2. 인간창조의 다섯 가지 상황을 살펴봅시다(4-6절).

인간이 창조되기 전에 다섯 가지 상황에 관해서 말씀하시고 있습니다.

첫째, 하나님이 땅에 비를 내리지 아니하셨습니다.
둘째, 땅을 갈 사람이 없었습니다.
셋째, 들에는 초목이 아직 없었습니다.
넷째, 밭에는 채소가 나지 않았습니다.
다섯째, 안개만 땅에서 올라와 온 지면을 적셨습니다.

이제 이 말씀을 통해서 하나님께서 보이시고자 하시는 바가 무엇인지 아는 것이 중요합니다. 이를 통해서 사람이 창조되기 이전에 황량한 대지를 보아서는 안될 것입니다. 이미 창세기의 첫 장에서 보았듯이 이 땅은 인간의 죄악이 있기 전에 한 순간도 황폐화되지도 황량하지도 않았으며 매 순간 하나님의 보시기에 좋았더라는 감탄이 있었습니다.

또한 이 말씀을 통해서 하나님의 창조의 순서가 다시 뒤엉키는 것으로 이해하거나 하나님의 말씀이 내적으로 모순을 가진다고 생각해서도 안될 것입니다. 셋째 날에 만드신 씨 맺는 채소와 각기 종류대로 씨 가진 열매 맺는 과목을 내시지 않은 것으로 이해하여서도 안 될 것입니다.

첫째, '여호와 하나님이 땅에 비를 내리지 아니하심'은 하나님께서 다만 세상을 창조하시고 그것이 자연 운행하게 되게 하시는 것이 아니라 세상 가운데 섭리하고 주장하고 참여하심을 분명히 알게 하시는 것입니다. 모든 자연의 섭리 속에는 보이지 않는 하나님의 섭리와 주권이 있는 것입니다.

둘째, '땅을 갈 사람이 없음'은 세상의 중심이 자연이 아닌 사람임을 알게 하시는 것입니다. 하나님의 역사와 섭리는 자연이 아닌 사람을 중심으로 운행되는 것입니다. 한 가정에 새 생명이 출생될 때에 가정의 모든 물품들은 아이를 중심으로 이루어집니다. 벽지의 색깔과 물건들의 선택까지 모든 것은 아이들이 먼저 중심이 되는 것입니다. 이처럼 하나님의 창조는 사람을 중심으로 이루어진 것입니다.

셋째, 사람에 관하여 '땅을 갈 사람'이라고 하심은 '일함'은 인간의 죄의 심판 이전에 하나님의 섭리입니다. 사람은 처음부터 청지기적인 부르심 안에서 일하며 다스리게 하셨습니다(창 1:28, 2:15). 그러나 죄는 인간의 일함이 하나님의 은혜와 사명과 복이 아닌 생존을 위한 저주가 되게 하였습니다. 일함은 수고가 되고 고됨이 되고 슬픔이 된 것입니다.

넷째, 하나님으로 말미암은 비가 없었고, 사람으로 말미암은 경작이 없었으므로, 이제 세 번째로 들의 초목과 밭에 채소가 없었던 당시의 상황은 인간 창조의 배경에 관하여 알게 하십니다. 하나님께서 지으신 세상은 날마다 보시기에 좋았으나 아직 하나님의 은혜와 사람의 일함으로 말미암아 채워질 바가 남겨진 것입니다.

이제 마지막 말씀 '안개만 땅에 올라와 온 지면을 적셨다'는 말씀은 황량한 대지에 오직 안개만이 자욱한 것으로 상상해서는 안될 것입니다. 인간을 창조하시기 전에 인간 창조의 최적의 환경이 주어졌음을 보이시는 것입니다. 오늘날 영화의 한 장면과 같이 하나님께서는 최적의 환경에서 자욱한 안개 속에서 그의 창조의 면류관이 되는 인간의 창조를 드디어 보이시는 것입니다.

3. 하나님은 사람을 무엇으로 지으셨습니까?(7절)

하나님께서는 사람을 지으시되 흙으로 지으셨습니다. 하나님께서 사람을 흙으로 지으심은 사람으로 겸손케 하며 또한 하나님을 바라보게 합니다. 처음 지음 받은 사람이 흙으로 지음 받고 하나님께서 그 코에 생기를 불어넣으심으로 생령이 된 것과 같이 하나님으로 말미암은 참된 호흡을 공급받지 못한 사람은 단지 한 줌의 흙과 다를 바가 없는 것입니다. 하나님의 형상을 입은 것과 그 코에 생기를 불어넣으심은 사람의 독특한 지위를 나타내지만 사람이 흙으로 만들어짐은 흙으로 만들어진 짐승과(2:19) 다를 바가 없는 모습을 보여주는 것입니다. 이는 하나님과 멀어지는 인생이 짐승과 가까워지고 때로는 짐승보다 못한 모습이 보이는 이유가 됩니다.

4. 동산 가운데 있던 두 나무에 관하여 살펴봅시다(8-9절).

　하나님께서는 동방의 에덴에 동산을 창설하시고 그 지으신 사람을 거기에 두셨습니다. 그 동산에는 보기에 아름답고 먹기에 좋은 나무가 나게 하셨는데 동산 가운데에는 생명나무와 선악을 알게 하는 나무가 있었습니다. 동산 중앙에 있는 두 나무는 인생의 두 가지 길이 있음을 예견케 합니다. 생명나무의 길은 생명의 길이며 선악을 알게 하는 나무의 길은 사망의 길입니다(시 1:6, 마 7:13-14, 롬 8:5-6).

5. 에덴에서 발원된 4강에 관하여 살펴봅시다(10-14절).

　강이 에덴에서 발원하여 동산을 적시고 거기서부터 갈라져 네 근원이 되었습니다. 첫째 강은 비손으로 금이 있는 하윌라 온 땅에 둘렸으며 그 땅의 금은 순금이요 그 곳에는 베델리엄과 호마노도 있었습니다. 둘째 강은 기혼이며 구스 온 땅을 둘렀고 셋째 강은 힛데겔이며 앗수르 동편으로 흘렀으며 넷째 강은 유브라데였습니다.

6. 8절과 15절은 같은 내용을 전하나 깊은 의미를 담고 있습니다. 7-14절과 관련하여 살펴봅시다.

창 2:8	"여호와 하나님이 동방의 에덴에 동산을 창설하시고 그 지으신 사람을 거기 두시니라"
창 2:15	"여호와 하나님이 그 사람을 이끌어 에덴 동산에 두어 그것을 경작하며 지키게 하시고"

※ 샌드위치적인 구조는 다른 이야기를 한 이야기 안에 끼워 넣어 두 이야기를 연관성을 밝히는 것입니다. 창세기 2장에는 세 번의 샌드위치 구조가 반복됩니다.

1. 하나님께서 아담을 에덴에 두신 것은 그 에덴을 경작하며 지키게 하시기 위함이었습니다(창 2:15). 하나님께서는 오늘 우리들을 어딘가로 이끄심은 이와 같은 하나님의 목적이 있음을 알아야 할 것입니다. 살아 있음은 자신에게 사명이 있음을 의미하는 것입니다. 죽은 자에게는 사명이 없습니다. 그러나 산 사람에게는 사명이 있는 것입니다. 살아 있으나 사명이 없고 자신의 삶의 의미와 목적을 알지 못하는 것은 죽은 것과 같은 것입니다. 그러나 살아있음은 분명히 자신의 삶에 대한 하나님의 부르심과 의미가 있음을 알고 이를 분별하여야 할 것입니다.

2. 에덴에는 아름답고 먹기에 좋은 나무가 있었습니다(창 2:9). 하나님께서는 우리들에게 양식을 주시고 모든 좋은 것을 예비하여 주시는 것입니다. 우리는 이처럼 하나님께서 주시고 허락하신 것들을 누릴 수 있는 복된 자가 되어야 할 것입니다.

3. 특별히 에덴에서 발원한 강은 이 에덴의 중요성을 전하여 줍니다 (창 2:10-14). 하나님께서 우리들 각자를 보내신 곳에서 귀한 사명을 감당할 때에 에덴에서 발원한 강이 네 근원이 되어 온 땅에 이르는 것처럼 우리는 영향력 있는 삶에 쓰임을 받을 수 있는 것입니다. 하나님은 우리들로 하여금 복의 통로가 되게 하십니다(창 12:3).

① 우리의 부르심에는 삶의 목적이 있습니다.
② 우리의 부르심에는 아름다운 예비하심이 있습니다.
③ 우리의 부르심은 영향력 있는 삶의 부르심입니다.

7. 9절과 16-17절은 같은 내용을 전하나 깊은 의미를 담고 있습니다. 10-15절과 관련하여 살펴봅시다.

창 2:9	"여호와 하나님이 그 땅에서 보기에 아름답고 먹기에 좋은 나무가 나게 하시니 동산 가운데에는 생명 나무와 선악을 알게 하는 나무도 있더라"
창 2:16-17	"여호와 하나님이 그 사람에게 명하여 이르시되 동산 각종 나무의 열매는 네가 임의로 먹되 선악을 알게 하는 나무의 열매는 먹지 말라 네가 먹는 날에는 반드시 죽으리라 하시니라"

※ 이는 창세기 2장의 두 번째 샌드위치 구조입니다.

하나님께서는 아담에게 한 금령을 내리셨습니다. 동산 각종 나무의 열매는 네가 임의로 먹되 선악을 알게 하는 나무의 열매는 먹지 말라 네가 먹는 날에는 반드시 죽으리라고 하셨습니다.

1. 말씀에 대한 불순종은 부르심을 잃게 합니다(창 2:15 vs 창 3:24). 아담은 에덴에 부르심을 받았습니다. 그러나 말씀에 대한 불순종은 그 에덴에서 쫓겨나게 되는 것입니다. 곧 불순종은 부르심을 잃게 하는 것입니다.

2. 말씀에 대한 불순종은 영향력을 상실합니다(창 2:10-14). 아담이 지켰던 에덴은 네 강의 근원이 되었습니다. 아담이 지킬 때에 그는 믿음의 아름다운 영향력을 가질 수 있으나 불순종할 때에 그러한 영향력을 상실하는 것입니다. 롯의 길(창 19:30)과 에서의 길(창 25:34)과 야곱의 아들 르우벤의 길(대상 5:1)을 걸어서는 안 될 것입니다.

3. 말씀에 대한 불순종은 사망에 이릅니다(창 2:17, 롬 5:12). 불순종은 결코 작은 죄가 아닙니다. 죄는 크고 작음의 문제이기 전에 생명과 사망의 문제입니다. 불순종은 부르심의 상실, 영향력의 상실뿐만 아니라 생명의 상실을 가지고 옵니다.

① 불순종은 부르심의 상실입니다.
② 불순종은 영향력의 상실입니다.
③ 불순종은 생명의 상실입니다.

하나님께서 우리들에게 주신 자유와 풍성함을 지키고 누리기 위해서는 하나님의 말씀에 대한 순종이 있어야 합니다. 하나님께서 우리들에게 주신 자유는 방임적인 자유가 아니라 그 한계가 분명히 있는 자유입니다. 자유가 방종이 되어서는 안 되는 것입니다. 사랑이 좋다고 아내와 남편의 도리를 벗어난 사랑을 할 수 없는 것입니다. 이웃과의 화목이 좋다고 하지만 하나님과의 관계를 상실한 채 이루어지는 화평은 멸망을 향한 지름길입니다. 하나님께서는 우리들 가운데 자유를 주시나 그 한계를 두심으로 우리의 자유가 보다 가치 있게 보존되게 하십니다.

더욱이 우리는 선악을 알게 하는 나무 바로 옆에 있었던 생명나무를 바라보아야 할 것입니다. 우리의 악한 눈은 바로 곁에 있는 생명나무를 바라보지 못하는 것입니다. 그러나 조금만 눈을 돌리면 찾을 수 있는 생명나무에 우리들의 마음을 두어야 합니다. 더 나아가 어떠한 유혹 전에 하나님께서 만드신 모든 것이 보기에 아름답고 먹기에 좋다는 것을 깨달을 때에 모든 유혹에서 벗어나 진정한 자유를 누릴 수 있는 것입니다(창 2:9 vs 창 3:6).

8. 18절과 20-22절은 같은 내용을 전하나 깊은 의미를 담고 있습니다. 19-20a절과 관련하여 살펴봅시다.

창 2:18	"여호와 하나님이 이르시되 사람이 혼자 사는 것이 좋지 아니하니 내가 그를 위하여 돕는 배필을 지으리라 하시니라"

창 2:20-22	"아담이 모든 가축과 공중의 새와 들의 모든 짐승에게 이름을 주니라 아담이 돕는 배필이 없으므로 여호와 하나님이 아담을 깊이 잠들게 하시니 잠들매 그가 그 갈빗대 하나를 취하고 살로 대신 채우시고 여호와 하나님이 아담에게서 취하신 그 갈빗대로 여자를 만드시고 그를 아담에게로 이끌어 오시니"

※ 이는 창세기 2장의 세 번째 샌드위치 구조입니다.

1. 하나님께서는 아담이 독처하는 것이 좋지 않게 여기셨습니다. 그러나 하나님께서는 하나님의 계획을 이루시기 전에 먼저 아담으로 그의 일을 하게 하셨습니다. 하나님께서 우리들에게 주시는 일들 가운데도 하나님께서는 여전히 우리들을 향한 사려 깊은 생각을 가지고 계심을 신뢰하여야 할 것입니다. 자신에게 주어진 일을 열심할 때에 하나님께서는 우리들의 필요를 채우시는 것입니다(창 2:19-20).

2. 하나님께서 주신 배필은 돕는 배필입니다. helper로서 곧 동역자를 의미합니다. 하나님께서 아담에게 짐승의 이름을 짓는 일을 보셨으나 여전히 그에게는 돕는 배필이 필요한 것입니다(창 2:20). 믿음의 삶을 위하여, 하나님께서 맡기신 일들을 위해서는 이처럼 돕는 배필, 동역자들이 있어야 하는 것입니다.

3. 하나님께서 하와를 지으심에 있어 아담의 갈비뼈로 지으심으로 아

담과 하와가 평등함을 가르치며 또한 한 몸인 것을 가르칩니다. 하나님께서 붙여주신 동역자들을 돕는 배필로 여긴다는 것은 그들을 존중하고 진정한 파트너로 여김을 의미하는 것입니다(창 2:21).

① 우리의 사역에는 하나님의 예비하심에 대한 신뢰가 있어야 합니다.

② 우리의 사역에는 돕는 배필이 필요합니다.

③ 우리의 사역에는 돕는 배필에 대한 존중함과 파트너쉽이 있어야 합니다.

9. 24절을 그리스도와 교회와의 관계 속에서 살펴봅시다(24절).

아담과 하와의 이야기는 남자와 여자의 성 차별적인 말씀이 아니라 그리스도와 교회와의 가르침을 위한 것입니다. 하나님 나라에서는 남자도 없고 여자도 없고 다 천사와 같이 될 것입니다. 아담은 그리스도를 하와는 교회를 예표합니다.

1. 하나님께서는 아담과 하와를 만드심에 있어서도 한 사람 아담을 만드심으로 모든 인류의 기원이 한 사람 아담에게 거슬러 올라감 같이 모든 사람이 예수 그리스도를 통하여 구원을 받을 수 있음을 가르치시는 것입니다(행 17:26, 롬 5:17).

2. 하와가 아담을 위하여 지음 받았듯이 교회가 그리스도를 위하여

지음 받은 것입니다(고전 11:9). 이는 교회의 참된 목적과 그 가치에 관하여 우리들에게 전하여 줍니다.

3. 아담과 하와의 하나됨은 그리스도와 교회의 하나됨을 예표합니다. 교회는 그리스도와 연합할 때에 그리스도의 영광에 동참합니다(엡 2:5-6, 롬 6: 3-5, 8:17, 요 15:5).

곧 교회는 그리스로 말미암으며, 그리스도를 위하며, 그리스도와 모든 영광을 함께 하는 것입니다.

묵상

01   1장에서는 사람이 하나님의 형상을 입었음에 관하여 전하여 줌에 반해 2
     장은 하나님께서 사람의 코에 생기를 불어넣으셨음을 이야기합니다. 이는
     무엇을 뜻하는 것입니까?

02   2장에서는 적어도 3번의 샌드위치 구조가 나타나고 있습니다. 이러한 샌드
     위치의 구조는 사이 본문과의 연관성 속에서 생각하게 하는 것입니다. 각각
     의 의미를 생각하여 봅시다(8절과 15절, 9절과 16절, 18절과 20절).

03   아담과 그의 아내와의 관계를 그리스도와 교회와의 관계 속에서 나누어 봅
     시다.

되새김

창세기 1장과 2장은 하나님의 창조하심에 관한 것입니다. 1장에서 이미 천지창
조를 보이셨으나 2장에서 사람창조에 대한 이야기를 반복하시는 것은 하나님의
창조의 목적이 어디에 있는가를 보이시는 것입니다. 하와를 아담을 위하여 창조
하심과 같이 그리스도의 몸 된 교회를 하나님을 위하여 창조하셨음을 가르치시
는 것입니다. 곧 우리의 모든 삶은 하나님의 영광을 위하여 지음 받은 것입니다.

03

인류의 타락
3장1~24절

Key Point

3장은 인류의 타락을 다루며 죄가 어떻게 세상에 들어오게 되었는가를 설명하여 줍니다. 인류의 타락은 옛 과거의 일이 아니라 우리가 좀 더 세밀하게 3장의 내용을 살핀다면, 오늘날 동일하게 우리들 가운데 역사하는 사단에 관하여도 분별력을 가질 수 있을 것입니다. 그러나 우리는 3장의 인간 타락에도 불구하고 하나님의 구속의 섭리를 바라볼 수 있습니다.

본문 이해

　1-2장을 통해서 천지와 만물의 기원, 사람의 기원, 가정의 기원에 관하여 말씀하셨다면 3장은 죄의 기원에 관하여 말씀하십니다. 1-2장의 밝고 평온함은 3장의 죄로 어둡고 불안하게 되었습니다. 죄는 양적인 개념으로 크고 작고의 개념이 아닌 질적인 개념으로 순종과 불순종의 결과입니다. 1-2장을 통해서 하나님의 창조와 창조의 신앙을 배운다면 3장은 죄에 관한 가르침으로 우리를 경계합니다. 죄는 결코 작은 것으로 치부되어서는 안 됩니다. 창문의 작은 깨짐이 결국 창문 한 장을 버릴 수밖에 없는 지경에 이르게 하듯, 적은 누룩이 온 덩어리에 퍼지듯 (고전 5:6) 아담과 하와의 죄는 하나님의 창조 세계의 심판을 불가피하게 한 것입니다.

■ 창세기 3장의 구조적 이해
　　창 3:1-7: 인간의 타락
　　창 3:8-10: 아담을 부르심
　　창 3:11-19: 핑계하는 인간과 그 형벌
　　창 3:20-21: 가죽 옷을 입히심
　　창 3:22-24절: 에덴으로부터의 추방

1. 사단은 무엇을 통해 하와에게 접근하였습니까?(1절)

　사단은 하나님께서 지으신 피조물 중에서 가장 간교한 피조물인 뱀을 통해 하와에게 접근하였습니다. 사단은 인간에게 와서 직접적으로 자신에 대하여 드러내지 않습니다. 사단은 결코 자신의 존재와 자신의 목적에 관하여 우리들에게 말하지 않는 것입니다. 만일 성경을 통해서 하나님께서 사단에 관하여 가르쳐 주시지 않으셨다면 우리는 영원히 사단에 관하여 알 수 없었을 것입니다.

　또한 사단에 의해 쓰임 받는 피조물들은 사단과 함께 멸망케 된다는 것을 기억하여야 합니다. 우리는 이러한 사단의 쓰임 바 되는 불쌍한 영혼이 되지 않도록 주의하여야 할 것입니다(14절).

2. 사단의 질문에 대한 하와의 대답 속에서 얻을 수 있는 교훈은 무엇입니까?(1-5절)
　　① 질문의 이유
　　② 참으로-신뢰의 시험
　　③ 모든 나무-지식의 시험
　　④ 먹지 말라 하시더냐?-태도의 시험
　　⑤ 먹을 수 있으나-부분적 지식
　　⑥ 동산 중앙-부정확
　　⑦ 만지지도 말라-첨가
　　⑧ 죽을까-불확신

⑨ 뱀의 태도 변화-단호함

⑩ 말씀의 부정

⑪ 하나님의 뜻의 왜곡

⑫ 하나님에 대한 부정적 이미지

질문: "하나님이 참으로 너희에게 동산 모든 나무의 열매를 먹지 말라 하시더냐"(1절)

① 질문의 이유

뱀이 이처럼 하와에게 물었던 바는 하와에 관하여 알기 위해서입니다. 사단은 결코 전지하지도 전능하지도 않습니다. 제한적인 지식으로 하와의 연약한 부분을 알기 위하여 이처럼 시험하는 것입니다.

② 참으로-신뢰의 시험

뱀의 질문의 한 단어 한 단어에는 하와의 믿음과 신앙에 대해서 진단할 수 있는 여러 장치가 있습니다. '참으로'는 바로 하와가 얼마나 하나님의 말씀에 대하여 신뢰하는가에 대한 신뢰에 대한 시험입니다.

③ 모든 나무-지식의 시험

하나님께서 아담과 하와에게 금하신 열매는 선악을 알게 하는 나무의 열매입니다. 그러나 뱀은 '모든 나무'에 대하여 언급하며 하와의 지식을 시험하였습니다.

④ 먹지 말라 하시더냐?-태도의 시험

신뢰에 대한 시험, 지식에 관한 시험에 이어 세 번째 시험은 '태도에 관한 시험'입니다. 질문 자체가 부정적이므로 이는 하나님에 대한 부정적인 태도를 불러일으키는 것입니다.

참으로 짧은 한 구절밖에 되지 않는 질문 속에 이처럼 깊은 의도가 담겨있음을 알 때에 하나님과 교통하지 않고 사단에 의해서 시험을 받는 것이 얼마나 무서운 일인지를 깨닫게 합니다.

여자의 대답: "동산 나무의 열매를 우리가 먹을 수 있으나 동산 중앙에 있는 나무의 열매는 하나님의 말씀에 너희는 먹지도 말고 만지지도 말라 너희가 죽을까 하노라 하셨느니라"(3절)

⑤ 먹을 수 있으나-부분적 지식

뱀의 질문에 여자가 대답할 때에 그의 모든 믿음과 신앙은 드러나게 되었습니다. 첫째로 그가 '동산 나무의 열매를 우리가 먹을 수 있으나'라는 대답 속에서 여자는 하나님의 말씀에 대한 부분적인 지식이 있었음을 알 수 있습니다. 그러나 문제는 일어설 수 없는 자는 넘어지지 않으나 일어설 수 있는 자는 넘어질 위험이 있는 것입니다. 운전을 할 줄 모르는 사람은 사고의 위험이 없으나 운전을 조금 할 줄 알 때에 위험이 찾아오는 것입니다. 하나님의 말씀에 대한 부분적인 지식은 귀한 것이지만 이는 오히려 시험 받음의 위기가 될 수 있습니다.

⑥ 동산 중앙-부정확

여자의 첫 번째 문제는 바로 하나님의 말씀에 대하여 부정확하게 알고 있었던 것입니다. 하나님께서 금하신 것은 동산 중앙의 나무가 아닌 동산 중앙에 있는 선악을 알게 하는 나무의 열매였습니다. 왜냐하면 동산 중앙에는 선악을 알게 하는 나무뿐만 아니라 생명 나무도 함께 있었기 때문입니다.

⑦ 만지지도 말라-첨가

여자의 두 번째 문제는 그가 하나님의 말씀을 정확하게 알지 못했을 뿐만 아니라 하나님의 말씀에 더하였다는 것입니다. 하나님께서는 금단의 열매를 먹지 말라고 하셨지 '만지지도 말라'고 하시지는 않았습니다. 만지지도 않는 것이 나쁜 일은 아니지만 이러한 말씀에 대한 더하는 것들이 결국 넘어짐의 이유가 되는 것입니다.

"내가 이 두루마리의 예언의 말씀을 듣는 모든 사람에게 증언하노니 만일 누구든지 이것들 외에 더하면 하나님이 이 두루마리에 기록된 재앙들을 그에게 더하실 것이요 만일 누구든지 이 두루마리의 예언의 말씀에서 제하여 버리면 하나님이 이 두루마리에 기록된 생명나무와 및 거룩한 성에 참여함을 제하여 버리시리라"(계 22:18-19)

⑧ 죽을까-불확신

여자의 세 번째 문제는 하나님의 말씀에 대한 확신의 결여입니다. 하나님께서는 분명하고 단호하게 '반드시 죽으리라'고 하셨으나 여자는 대답하기를 '죽을까 하노라'고 하였습니다. 하나님의 말씀에 대한 확신의 결여가 결국 넘어짐의 이유가 되는 것입니다.

뱀의 대답: "너희가 결코 죽지 아니하리라 너희가 먹는 날에는 너희 눈이 밝아져 하나님과 같이 되어 선악을 알 줄 하나님이 아심이니라"(5절)

⑨ 뱀의 태도 변화-단호함
무엇을 잡고자 하는 자는 조용히 살며시 다가옵니다. 그러나 잡을 때에는 신속하고 단호하게 됩니다. 사단은 부드럽게 다가왔으나 이제는 강하고 단호하게 여자에게 행하였습니다.

⑩ 말씀의 부정
뱀은 하나님의 말씀을 정면으로 부정하였습니다. 하나님께서는 분명히 '반드시 죽으리라'고 하셨으나 뱀은 '너희가 결코 죽지 아니하리라'고 하였습니다. 믿음의 원수는 세 가지입니다. 육신과 세상과 마귀입니다. 그리고 가장 근본적인 믿음의 원수는 바로 마귀인 것입니다.

⑪ 하나님의 뜻의 왜곡
마귀는 하나님의 말씀을 왜곡하고 더 나아가 하나님의 뜻을 왜곡하였습니다. 선악을 알게 하는 나무의 열매를 먹을 때에 오히려 눈이 밝아

진다고 하였습니다. 인생의 위치는 선악을 알고 이를 판단하는 것이 아닙니다. 오직 선악을 판단하시는 이는 하나님이십니다. 이는 피조물에서 심판주로 자신을 여기는 것입니다. 우리를 향하신 하나님의 거룩하시고 선하신 뜻을 왜곡하는 일은 바로 마귀의 일입니다.

⑫ 하나님에 대한 부정적 이미지

마귀는 하나님의 말씀을 부인하고 그 뜻을 왜곡하고 마지막으로 하나님에 대한 부정적인 이미지를 주었습니다. 마치 새장에 새를 가두고, 우리에 짐승을 가두듯이 하나님께서 인생의 자유와 행복을 제한하시는 듯한 생각을 준 것입니다. 이는 하나님에 대한 사랑과 신뢰에서 떠나 의심과 불신과 부정하게 되는 결과를 가지고 옵니다.

우리들의 삶 가운데 영향력을 행사하는 사단의 정체성에 관하여 알아야 합니다. 사단의 정체성을 모른다는 것은 곧 사단의 목적에 관하여 무지하고 이내 사단의 속임에 빠져 들어가는 것입니다. 한편으로 사단의 정체를 알고 우리를 넘어뜨리고자 하는 바를 알고 그 시험하는 바를 알아야 할 것이며 다른 한편으로는 하나님의 말씀에 굳게 바로 서는 자가 되어야 할 것입니다.

3. 눈이 밝아져 하나님과 같이 된다는 뱀의 말이 거짓인 이유는 무엇입니까?(4-8절)

사단은 너희가 그것을 먹는 날에는 너희 눈이 밝아져 하나님과 같이 되어 선악을 알 줄을 하나님이 아신다고 왜곡합니다. 왜 사단의 말이 왜곡입니까? 하와는 선악과를 먹고 실제로 그 눈이 밝게 되었습니다(7절). 선과 악을 분별할 수 있는 능력이 있었습니다. 그러나 안타까운 것은 그에게는 선을 행할 수 있는 능력을 잃었다는 것입니다. 더 정확하게 이야기하면 그의 분별력 또한 참되고 온전한 분별력이 아니면 자신이 내린 분별력조차 스스로 이에 따라 행하지 못한다는 것입니다. 그들은 철저하게 죄의 종으로 팔린 것입니다. 여자는 선악을 아는 열매를 먹고 자신의 죄악을 깨닫기도 전에 자신이 먹은 선악과를 아담에게 주어 먹게 하였습니다. 죄악은 우리가 돌이키고 멈추기 전에 우리가 손쓸 수 없을 정도로 모든 것을 오염시키는 것입니다. 아담과 하와는 이제 눈이 밝게 되었습니다. 그들이 본 것은 자신의 벌거벗은 것을 보게 된 것뿐이었습니다.

4. 뱀의 말을 들은 여자는 어떻게 선악을 알게 하는 나무를 바라보았습니까?(6절)

뱀의 말을 듣고 여자가 그 나무를 볼 때에 먹음직도 하고 보암직도 하고 지혜롭게 할 만큼 탐스러운 나무로 보았습니다. 먹음직스러움은 육신의 정욕에 사로잡힘이며, 보암직도 함은 안목의 정욕에 사로잡힘이며, 지혜롭게 할 만큼 탐스러움은 이생의 자랑에 사로잡힘이 됩니다. 이미 여자는 자신의 마음을 지키지 못하였습니다.

창 3:6	먹음직	보암직	지혜롭게 할 만큼 탐스러움
요일 2:16	육신의 정욕	안목의 정욕	이생의 자랑

5. 하나님께서 아담을 찾으시는 장면을 살펴봅시다(8-10절).

　그 날 바람이 불 때에 하나님께서 아담을 찾으셨습니다. 아담과 하와는 하나님의 음성을 듣고 하나님으로부터 자신들을 숨겼습니다. 죄로 말미암아 사람은 사람에 관하여 자신을 숨기고 하나님으로부터까지 자신을 숨기는 자가 된 것입니다. 죄를 짓는 자가 그 죄 지음에 담대하다 할지라도 자신의 죄를 숨기고자 함은 바로 우리의 양심이 죄에 대하여 말함입니다. 비록 그 한계가 있고, 제한적이지만 우리의 양심 또한 우리들의 죄에 관하여 말하는 것입니다.

6. 각각의 피조물들에게 주어진 심판은 무엇입니까?(11-19절)

　뱀: 하나님의 피조물로서 뱀은 결국 사단에게 쓰임을 받아 사람을 넘어지게 했고 이로 말미암아 자신은 모든 가축과 들의 모든 짐승보다 더욱 저주를 받아 배로 다니며 종신토록 흙을 먹게 되었습니다. 뱀은 사단을 상징하며 사단에 쓰임을 받는 이 땅의 모든 피조물들을 상징한다고 할 수 있습니다.

　사단: 사단은 뱀을 통해 여자를 넘어지게 하고 사람을 죄 되게 하였으므로 여자와 원수가 되게 하고 여자의 후손과 원수가 되고 여자의 후

손이 그의 머리를 상하게 하고 사단은 여자의 발꿈치를 상하게 할 것입니다.

여자: 여자는 사단에 관하여 분별력을 가지지 못하고 하나님의 명령을 어기고 자신이 선악과를 먹고 또한 자신의 남편된 아담에게도 주었으므로 임신하는 고통이 크게 더하여졌고 수고하고 자식을 낳게 되었으며 남편을 원하고 남편은 여자를 다스리게 하셨습니다.

아담: 아담은 하나님의 말씀이 아닌 자신의 아내의 말을 듣고 함께 죄를 지었습니다. 아내의 말은 사단의 말인즉 아담은 결국 사단의 말을 함께 듣고 죄를 지은 것입니다. 그러므로 땅은 아담을 인하여 저주를 받고 사람은 종신토록 수고하여야 그 소산을 먹게 되었습니다. 땅은 가시덤불과 엉겅퀴를 내게 되었으며 얼굴에 땀이 흘려야 식물을 먹고 필경은 흙으로 돌아가게 되었습니다.

7. 원시 복음이 되는 3장15절의 말씀을 살펴봅시다(15절).

"내가 너로 여자와 원수가 되게 하고 네 후손도 여자의 후손과 원수가 되게 하리니 여자의 후손은 네 머리를 상하게 할 것이요 너는 그의 발꿈치를 상하게 할 것이니라 하시고"(15절)

창세기 3장15절은 성경을 이해함에 있어서 매우 중요한 구절입니다. 이 구절은 많은 메시야 예언들 중에 첫 번째 메시야 예언이라는 중요성을 가지고 있습니다. 그러므로 이 구절을 '원시 복음'이라고 말하기도 합니다. 이 최초의 복음 말씀은 하나님께서 그리스도를 보내시어 사단의 권세를 깨트리고 우리를 구원하시겠다는 구원 메시지의 말씀입니다.

8. 하나님께서는 아담과 하와에게 무엇을 지어주셨습니까?(21절)

하나님께서는 그들에게 가죽옷을 지어 입히셨습니다. 이 가죽옷은 바로 예수 그리스도의 죽음에 관하여 예표하는 것입니다.

묵 상

01 죄가 이 세상에 들어오게 된 내적인 요인과 외적인 요인들을 함께 생각하여
봅시다.

02 사단의 속임을 살펴보며 오늘날 우리들에게 제시하는 사단의 속임들은 어
떠한 것들이 있는지 생각하여 봅시다.

03 인간의 모든 죄악에도 불구하고 역사하시는 하나님의 은총의 역사에 관하
여 나누어 봅시다.

되새김

하나님의 창조의 아름다움은 인간의 죄악으로 말미암아 훼손된 듯 보입니다. 그
러나 이러한 사단의 모든 계략과 인간의 죄악 됨에도 불구하고 하나님께서는 새
로운 구속의 역사를 인간사에 펼치시기 시작하십니다. 우리는 모든 절망 속에서
도 하나님의 구원에 대한 희망을 포기해서는 안 되는 것입니다.

PART

04

가인과 아벨
4장1~15절

Key Point

3장에서 인류의 타락과 이에 대한 하나님의 구속의 역사의 서막을 살필 수 있다면 4장에서는 타락한 인간이 하나님께 향하지 못하게 하는 지속적인 사단의 역사를 바라볼 수 있습니다. 단순한 옛이야기로서가 아닌 하나님의 구속사적인 역사 가운데 4장이 어떠한 위치를 차지하고 있는지를 살필 수 있어야 할 것입니다.

3장의 죄가 하나님과 인간의 수직적인 관계의 깨짐을 보여준다면 4장의 죄는 인간과 인간의 수평적인 관계가 깨어짐을 보여줍니다.[9] 이미 3장에서도 아담과 하와가 서로의 벌거벗음을 부끄러이 여기며 그 관계가 깨어지기 시작하였다면 4장에서는 가정과 사회로 더욱더 확장됩니다.

그러나 우리는 다른 한편으로 희망적인 면을 살필 수 있습니다. 창세기 1-2장의 창조, 3장의 타락에 이어 4장의 말씀은 예배에 관한 말씀입니다. 곧 인간의 타락과 에덴의 추방이라는 암울함 가운데 예배는 소망이 됩니다. 비록 에덴으로부터 추방되었지만 예배는 지속적인 하나님과의 관계와 회복에 대한 희망을 가지게 합니다. 그러나 가인의 예배와 아벨의 예배의 차이는 참된 예배에 대한 차이뿐만 아니라 타락한 인생 가운데 하나님의 백성과 세상 나라에 속한 자들이 있음을 알게 하십니다.

---

9) 김의원, 『창세기 연구』(서울: 기독교문서선교회, 2013), 137쪽.

■ 창세기 4장1-15절의 구조적 이해

　창 4:1-2: 가인과 아벨의 출생과 성장

　창 4:3-15: 가인과 아벨의 예배

1. 가인과 아벨은 각각 어떠한 사람입니까?(1-2절)

　가인과 아벨은 에덴에서 쫓겨난 아담과 하와의 두 아들로서 가인은 농사하는 자가 되었고 아벨은 양치는 자가 되었습니다.

2. 가인과 아벨의 제사는 각각 어떻게 달랐으며 그 결과는 어떠했습니까?(3-5절)

　세월이 지난 후에 가인은 땅의 소산으로 제물을 삼아 여호와께 드렸고 아벨은 양의 첫 새끼와 그 기름으로 드렸습니다. 그러나 하나님께서는 아벨과 그의 제물은 받으셨으나 가인과 그의 제사는 받지 않으셨습니다.

3. 하나님께서 아벨의 제사는 받으시고 가인의 제사는 받지 않으신 이유는 무엇입니까?

　하나님께서 아벨의 제사를 받으시고 가인의 제사를 받지 않으심에는 여러 가지 이견들이 있습니다.[10] 이는 창세기 4장에서만 해결할 수 있는

---

10) 웬함은 가인의 예배와 아벨의 예배의 차이를 5가지로 정리하였습니다. G.J. Wenham, 『WBC 성경주석: 창세기(상)』(서울:솔로몬, 2001), 238쪽.

문제가 아닙니다. 성경을 넓게 보아 이에 합당한 이유를 찾아야 합니다. 하나님께서 받지 않으신 가인과 같은 예배는 나답과 아비후의 예배입니다(레 10장). 이들은 하나님께서 명하시지 않은 다른 불을 담아 하나님 앞에 분향하여 죽임을 당하였습니다. 또한 베레스 웃사 사건으로(삼하 6장) 웃사는 소들이 뛰므로 수레에 실은 법궤를 붙들었다가 죽임을 당하였습니다. 이는 예배란 무엇인가 하는 것을 생각게 합니다. 예배란 단순히 인간의 정성과 인격을 드리는 것만이 아닌 하나님께서 정하시고 가르치신 구속의 방편을 감사함으로 응답하는 것입니다.

가인은 온전한 정성에 있어서도 실패하였습니다. 아벨의 예배에는 양의 첫 새끼와 그 기름으로 드림으로 분별됨이 있었지만 가인의 예배에는 이러한 분별됨조차 없었습니다. 그는 단지 땅의 소산으로 제물을 삼았습니다. 그러나 더 중요한 바는 예배의 본질에 있습니다. 죄된 인간이 하나님께 나아가기 위해서는 반드시 피 흘림의 제사가 있어야 하는 것입니다. 이 피는 우리의 죄를 위하여 대속하시는 예수 그리스도의 보혈

---

1. 하나님은 농부들보다 목자들을 선호하셨다(Gunkel).
2. 동물 희생 제사가 식물 제물보다 더 잘 열납된다(Skinner, Jacob).
3. 하나님의 동기는 불가해한 것이다. 신의 선택의 신비의 영역이다(von Rad, Vawter, Golka).
4. 오직 하나님만이 알고 계신 두 형제의 다른 동기 때문이다(Calvin, Dillmann).
5. 예배에 대한 상이한 접근방법이 제물의 질에 반영되었기 때문이다. 가인은 단지 땅이 소산 중 일부를 드렸음에 반해 아벨은 양떼 가운데 최상의 것을 드렸다.
   웬함의 견해는 피의 제사를 단지 식물의 제사로 단순 비교함으로 그 본질적인 의미를 상실케 합니다. 곧 피의 제사의 중요성은 예배란 하나님께서 정하신 방법에 의한 것으로 인간의 인격과 정성에 기원할 수 없음을 강조하는 것입니다.

을 예표하므로 아벨과 같이 가인도 피의 제사로 하나님께 나아갔어야 합니다. 그러나 그는 자신의 직업을 따라 땅의 소산으로 하나님께 제사를 드렸고 그것이 하나님의 마음에 합하지 않았던 것입니다. 우리는 이성적으로 우리의 중심으로 나아간다는 생각 속에서 성경 전반에 흐르는 이러한 사상을 경히 여겨서는 안 될 것입니다.

"율법을 좇아 거의 모든 물건이 피로써 정결케 되나니 피 흘림이 없은 즉 사함이 없느니라"(히 9장22절)

"믿음으로 아벨은 가인보다 더 나은 제사를 하나님께 드림으로 의로운 자라 하시는 증거를 얻었으니 하나님이 그 예물에 대하여 증언하심이라 그가 죽었으나 그 믿음으로써 지금도 말하느니라"(히 11:4)

"아론의 아들 나답과 아비후가 각기 향로를 가져다가 여호와께서 명령하시지 아니하신 다른 불을 담아 여호와 앞에 분향하였더니 불이 여호와 앞에서 나와 그들을 삼키매 그들이 여호와 앞에서 죽은지라"(레 10:1-2)

곧 가인과 아벨의 제사가 있기 전에 그들은 분명히 제사에 관하여 배웠다는 전제를 가져야 합니다. 그들은 어느 날 갑자기 우연하게 동시에 자신 나름대로의 방법으로 제사를 한 것이 아니었습니다. 그들의 제사 곧 예배는 이미 그들의 부모로부터 이건 아니면 하나님께로부터 이건 배운 것이며 아벨은 하나님의 뜻대로 피의 제사를 드렸고 가인은 피의 제사가 아닌 자신의 임의로 말미암는 제사를 드림으로 말미암아 거절된 것입니다.

전체적으로 가인은 세 번의 실패를 가집니다. 그 첫 번째 실패는 바로 예배의 실패입니다. 그의 예배의 실패는 상대적인 실패가 아닌 절대적인 실패입니다. 아벨의 예배가 가인의 예배보다 상대적으로 더 나았기 때문에 아벨의 예배를 하나님께서 받으시고 가인의 예배를 거절하신 것이 아니라 절대적으로 아벨의 예배는 참된 예배였으며 가인의 예배는 그릇된 예배였습니다. 상대적 예배의 결과는 자신에게만 문제가 있는 것이 아니라 타인에게 원망할 수 있습니다. 그러나 절대적인 예배는 타인에게 원망할 수 없습니다. 곧 가인이 자신의 예배를 하나님께서 받으시지 않으심에 관하여 아벨에게 대하여 행한 일은 절대적으로 잘못된 일이 되는 것입니다. 가인은 하나님의 방법이 아닌, 하나님께서 받으시는 예배가 아닌 사람의 방법을 따라, 하나님께서 받으실 수 없는 예배를 드림으로 예배에 실패하였습니다.

4. '죄를 다스릴지니라'는 말씀은 무엇을 의미하는 것입니까?(7-8절)

선이란 윤리적이며 도덕적인 개념이 아닌 것을 이미 살펴보았습니다. 곧 선을 행한다는 것은 하나님의 뜻대로 되는 것을 의미하는 것입니다. 이러한 안목에서 선을 행치 않았다는 것은 하나님의 뜻에 부합되지 않았음을 우리들에게 전하여 주며 하나님의 뜻대로 되지 않는 모든 일들 가운데 이미 아담과 하와를 통해 세상에 들어온 죄가 문에 엎드리는 것입니다. 하나님께서는 이제 이러한 세상을 향하여 죄의 소원은 네게 있으나 너는 죄를 다스릴지라고 말씀하십니다. 이미 죄가 세상에 들어와 우리들 가운데 소원이 되고 있다는 것을 우리는 알아야 할 것이며 또한 우리들은 이러한 소원에 따른 삶이 아닌 그 모든 죄의 소원을 다스리는 삶을 살아야 하는 것입니다.

가인의 두 번째 실패는 죄를 다스림의 실패였습니다. 예배를 통하여 하나님과 영적인 교통을 가지지 못한 자는 이제 육이 마음을 지배하고 결국 죄의 종이 되어 자신의 동생을 살인하게 됩니다. 사람이 낳은 첫 번째 아들인 가인은 결국 하나님께 향한 예배에서 외면된 상처와 분노를 가지고 동생 아벨을 들판에서 돌로 쳐 죽였습니다.

5. 3장9절의 "네가 어디 있느냐"는 하나님의 부르심과 견주어 4장에서의 부르심은 무엇입니까?

하나님의 말씀을 저버린 아담을 향하여 '네가 어디 있느냐'고 물으셨던 하나님께서 가인이 아벨을 죽인 것을 아시고 '네 아우 아벨이 어디 있느냐'고 물으셨습니다. 하나님께서는 말씀을 떠난 우리 자신을 부르실 뿐만 아니라 우리가 행한 악한 일들을 통하여 우리의 이웃을 찾으시는 것입니다.

또한 하나님께서는 가인에게 '네 아우 아벨이 어디 있느냐'고 물으셨을 뿐만 아니라 '네가 무엇을 하였느냐'고 물으셨습니다.

이는 가인의 세 번째 실패가 무엇인지를 알게 합니다. 첫 번째 실패
는 예배의 실패이며, 두 번째, 죄를 다스림을 실패한 가인은 세 번째로
회개에 실패하게 됩니다. 아담을 찾아와 그를 부르심은 그에게 회개의
기회를 주심입니다. 그러나 아담은 도리어 핑계하였으며, 그 핑계함으
로 아무런 유익도 가지지 못하였습니다. 아담의 아들 가인 또한 자신을
향해서 두 번이나 물으시는 하나님을 향하여 오히려 대적하는 듯한 모
습을 보임은 그가 회개하지 못하고 도리어 그 마음이 완악하여졌음을
보이시는 것입니다.

가인의 실패	
첫 번째 실패	예배의 실패
두 번째 실패	죄를 다스림의 실패
세 번째 실패	회개의 실패

6. 가인에게 내려진 저주와 은혜는 무엇입니까?(11-15절)

가인은 아우의 피를 땅에 흘림으로 말미암아 땅에서 저주를 받아 밭
갈아도 땅이 다시는 그 효력을 얻지 못하며 땅에서 피하여 유리하는 자
가 되었습니다. 이러한 심판과 저주 속에서 누군가가 또한 자신을 죽일
것을 두려워하는 가인에게 하나님께서는 표를 주어 누구든지 가인을
죽이는 자는 벌을 7배나 받겠다고 하여 누구에 의한 죽임을 면케 하셨
습니다. 이로써 우리는 사람이 행한 악행에도 불구하고 사람이 스스로

심판주가 되어서는 안 될 것입니다. 어떠한 사람이라도 그 사람의 악행으로 말미암아 사람이 심판주가 되어 사람을 경히 여길 수는 없는 것입니다. 가인의 권한, 더 나아가 가인의 특권은 가인에게 있는 것이 아니라 하나님의 섭리이며 보호입니다.

  가인에게도 하나님의 은혜가 있었다는 것은 우리들로 하여금 하나님의 은혜를 헛되게 하는 사람들을 보게 합니다. 모든 죄악에도 베푸시는 하나님의 은혜는 때때로 가인과 같은 우리들에게 조차 내리시는 하나님의 은혜를 바라보게 합니다. 그러나 가인은 하나님의 은혜를 헛되이 여긴 사람의 길을 걸어갑니다. 이는 마치 예수님을 팔았던 저 가룟 유다가 자신의 목숨을 스스로 끊음과 같이 하나님의 은혜를 헛되이 여기는 자들이 있음을 우리들에게 보여주시는 것입니다.

묵 상

01   아벨의 제사는 어떠한 제사였는지 다시 한번 묵상하여 봅시다.

02   죄로 세상에 들어온 사단의 속임은 무엇입니까?
3장에서 에덴에서 쫓겨난 인생이 4장에서 회복해야 할 것은 바로 하나님
께로 향한 것입니다. 그것은 예배이며 이 예배는 오직 예수 그리스도로 말
미암은 것입니다. 이제 이러한 하나님께서 제시한 유일한 길에 관하여 왜
곡하고 방해하는 것이 4장 이후의 사단의 전략입니다.

03   죄의 소원을 가진 자가 죄를 다스릴 수 있는 방법은 무엇입니까?

되새김

3장에서 살핀 바 사단의 첫 번째 목표는 우리들로 하여금 하나님의 말씀을 저버
리고 하나님을 떠나는 것에 있었습니다. 그러나 이제 보다 감추어진, 그리고 4장
부터 펼쳐지는 사단의 목표는 하나님을 향한 사람들을 향하여 예수 그리스도 아
닌 다른 길로 가게 하는 것입니다. 그것을 우리는 3장과 4장의 차이인 것입니다.
이것은 분명한 사단의 두 가지 전략입니다.

PART

05

두 후손들
4장16~5장32절

Key Point

4장 후반부부터 5장은 가인의 후손과 아벨의 후손에 관하여 전합니다. 이는 불신앙의 족보와 신앙의 족보의 차이가 무엇인지에 관하여 명확히 보여 줍니다. 두 족보의 차이는 이 세대 가운데 어떠한 삶이 믿음의 삶인가에 관하여 제시하고 있는 것입니다.

성경은 먼저 경계해야 할 바에 관하여 알게 하십니다. "복 있는 사람은 악인들의 꾀를 따르지 아니하며~"(시 1:1) 가인과 아벨의 예배에 관한 말씀 후에 성경은 두 후손에 관하여 말씀하십니다. 먼저 가인의 후손들에 대한 말씀은 경계해야 할 바에 관한 말씀입니다. 가인의 후손의 족보는 하나님을 떠남으로부터 시작합니다. 비록 그들이 남긴 찬란한 문화와 업적에도 불구하고 그 마지막은 그들이 만든 모든 업적과 문화를 조롱하듯 하나님을 떠난 인생이 어떠한 막을 내리는지를 알게 합니다.

두 번째 톨레도트로서 아담의 계보에 대한 말씀은 하나님을 떠난 가인의 후손과 달리 하나님의 모양대로 창조되었고 하나님께서 그들에게 복을 주셨음을 강조합니다. 에녹의 삶은 이러한 의미에서 두 번째 톨레도트가 되는 아담의 계보를 통해서 교훈하시는 바의 절정이 될 것입니다.

■ 창세기 4장16-5장32절의 구조적 이해

　　창 4:16-24: 가인의 후손
　　창 4:25-5:32: 셋의 후손(아담의 계보)

1. 가인의 후예들에 관하여 살펴봅시다(4장16-24절).

  1) 가인에 관한 마지막 언급을 살펴봅시다(4장16-17절).

  가인은 여호와 앞을 떠나서 에덴 동쪽 놋 땅에 거하였습니다. 놋은 '방랑자', '도망자'의 의미를 가지며 가인의 형편을 대변합니다. 그는 아내와 동침하여 아들을 낳아 에녹이라고 이름 지었고 성을 쌓았는데 그 성의 이름을 자신의 아들의 이름으로 에녹이라고 지었습니다. 믿음을 떠난 자는 하나님의 약속(4장13-15절) 안에서도 평안을 누릴 수 없는 것입니다. 그는 결국 자신의 아들의 이름으로 성을 쌓는 자 되었습니다. 그 성은 자신을 세상으로부터 보호하는 성이 아닌 더욱더 자신을 하나님으로부터 격리시키는 성일 뿐입니다.

  2) 가인의 후예의 계보를 살펴봅시다(16-24절).

  가인-에녹-이랏-므후야엘-므드사엘-라멕-야발, 유발, 두발가인

  가인의 후예는 가인의 7대손이 되는 야발, 유발, 두발가인으로 끝이 납니다. 가인의 후예는 단지 7대 손의 이야기로 끝남과 더불어 아담의 7대손인 '에녹'과 대조될 것입니다.

  3) 라멕의 아들들에 관하여 살펴봅시다(19-22절).

  라멕은 두 아내를 취하였습니다. 성경에서 가장 먼저 두 아내를 취한 자로서 한 사람의 이름은 아다요 다른 한 사람의 이름은 씰라입니다. 라멕은 아다에게서 두 아들을 낳았는데 야발은 장막에 거주하며 가축

치는 자의 조상이 되었고, 유발은 수금과 통소를 잡는 모든 자의 조상이 되었습니다. 다른 아내 씰라를 통해서는 두발가인을 낳았는데 그는 구리와 쇠로 여러 가지 기구는 만드는 자가 되었고 두발가인의 누이로는 나아마가 있었습니다.

4) 라멕의 죄악에 대한 호소를 살펴봅시다(23-24절).

라멕은 자신의 상처로 말미암아 사람을 죽였고 자신의 상함으로 말미암아 소년을 죽였다고 하였습니다. 이로 인하여 가인을 죽인 자에게는 벌이 7배라면 자신을 죽인 자는 77배라고 호소하였습니다.

2. 아담의 후손들에 관하여 살펴봅시다(25-5장32절).

성경은 우리들에게 가인의 후손에 반하여 아벨의 후손이라고 전해주지 않고 아담의 후손에 관하여부터 말씀하십니다. 이는 믿음의 후손은 처음부터 이어져 내려옴을 우리들에게 전하여 주시는 것입니다.

아담의 계보에 대한 특징으로 다음과 같이 시작합니다.

"이것은 아담의 계보를 적은 책이니라 하나님이 사람을 창조하실 때에 하나님의 모양대로 지으시되 남자와 여자를 창조하셨고 그들이 창조되던 날에 하나님이 그들에게 복을 주시고 그들의 이름을 사람이라 일컬으셨더라"(창 5:1-2)

1) 아담 족보 계보를 살펴 봅시다(5장1-32절).

아담-셋-에노스-게난-마할랄렐-야렛-에녹-므두셀라-라멕-노아-
셈, 함, 야벳

2) 가인의 아들 에녹과 대조되는 아담의 후손은 누구입니까?(4장
25-26절)

하나님께서는 아담에게 아벨 대신에 셋을 주었습니다. 그러므로 셋
은 반열상 아벨에 해당되는 사람이라고 할 수 있으며 셋의 아들 에노
스는 가인의 아들 에녹과 대조됩니다. 가인은 자신을 위하여 성을 쌓고
그 이름을 에녹이라 하였지만 결국 자신을 하나님으로부터 더욱 격리
할 뿐이었다면 셋의 아들 에노스 때에 사람들은 비로소 여호와의 이름
을 불렀습니다. 이는 공적인 예배의 시작을 알리는 중요한 구절로서 사
람들은 이제 개인적인 예배에서 함께 모여 하나님을 함께 찬송하기 시
작하였던 것입니다. 가인은 여호와 앞을 떠남으로 시작하여(창 4:16)
문화를 일구었지만 셋의 후손인 에노스에 이르러 이들은 예배를 회복
하였습니다.

3) 5장의 아담 자손의 계보가 언급되기 전에 이 자손의 정체성에 관
하여 성경은 어떻게 말씀하시고 계십니까?(1절)

하나님께서는 믿음의 자손이 하나님의 모양임에 관하여 재언급하시
고 계십니다. 믿음의 사람들은 언제나 자신을 하나님의 모양으로서의
사람됨의 회복을 가져야 할 것입니다. 또한 하나님의 모양에 대한 재언

급은 인류의 타락 후에도 하나님의 형상이 완전히 상실되지 않았음을 간접적으로 제시하시는 것입니다. 앞으로 살펴보게 될 바 9장6절의 말씀은 보다 직접적으로 타락 후에 사람은 결코 하나님의 형상을 완전히 상실치 않았음을 직접적으로 제시합니다.

4) 아담의 계보를 정리하여 봅시다(3-32절).

NO	선진들	자녀 출생시	자녀 출생년도	추가 생존	향년	사망년도
1	아담	130	130	800	930	930
2	셋	105	235	807	912	1042
3	에노스	90	325	815	905	*1140
4	게난	70	395	840	910	1235
5	마할랄렐	65	460	830	895	1290
6	야렛	162	622	800	962	1422
7	에녹	65	687	300	*365	*987
8	므두셀라	187	874	782	969	*1656
9	라멕	182	1056	595	777	1651
10	노아	500	1556	450	950	2006

※ 노아의 홍수는 노아의 600세 2월17일이며 이는 곧 1656년 2월 17일이며 이 때는 노아 이전의 세대 중 마지막으로 생존한 므두셀라가 향년 때입니다. 곧 므두셀라까지 다 죽은 이후에 노아의 홍수가 난 것입니다.

※ 아담은 에녹의 승천을 알지 보지 못하고 죽었으나 셋 이후의 모든 세대는 에녹을 승천을 알았습니다.

※ 아담과 셋은 노아를 알지 못하였고 에노스 이후로는 노아를 알았습니다.

5) 아담의 자손 에녹은 어떠한 사람입니까?(1절)

에녹은 아담의 제7대손으로서 65세에 아들 므두셀라를 낳고 300년 동안 하나님과 동행하였고 하나님에 의해서 죽임을 맛보지 않고 들림 받은 바 된 사람이 되었습니다. 이러므로 성경에서 죽임을 맛보지 않은 두 사람인 엘리야와 더불어 한 사람이 된 것입니다. 하나님께서 에녹에게 죽음을 맛보지 않게 하셨을 뿐만 아니라 그의 자녀인 므두셀라는 인간 역사상 가장 오래 산 사람이 되게 하시는 축복도 허락하셨습니다. 성경은 아담 자손의 특징 중에 하나님의 형상 외에 또 다른 특징으로서 하나님과 동행함에 관하여 에녹을 통하여 보여 주시고 계십니다. 특징적으로 아담의 계보에 다른 문화적이며 재능적인 특징들이 나타나지 않음은 인생에 있어서 참된 가치가 어디에 있는가를 우리들에게 제시합니다. 그것은 하나님의 형상으로서의 회복과 하나님과의 동행하는 삶에 있는 것입니다.

6) 노아는 언제 세 아들을 낳게 되었습니까?(32절)

노아는 계보 상 매우 이례적으로 아들을 500세가 된 후에야 얻게 됩니다. 이러한 오랜 세월은 노아 개인적으로는 노아 자신에게 오랜 기다림과 인내의 세월로서 하나님께서 그를 어떻게 다루셨는가를 보여 줍니다. 그러나 또한 우리는 이후에 펼쳐지는 노아의 방주 사건을 살펴보며 하나님께서 경건한 무리들을 남게 하시는 과정 속에서 이 사건을 살펴볼 수 있는 것입니다. 아무튼 500세 이후에 아들을 낳음으로 말미암아 위로를 받은 노아는 이후에 하나님의 약속과 명하심에 또한 순종함으로 나아갈 수 있는 연단을 받게 된 것입니다.

묵 상

01   믿음의 자손과 불신앙의 자손의 차이점을 살펴봅시다.

02   가인의 후손들을 살펴보며 문화에 대한 바른 시각은 무엇인지 생각하여 봅
시다.
우리는 문화 자체가 우리들의 목적이 되어서는 안됨을 4장 가인의 후손에
서 살펴볼 수 있습니다. 그들은 가축을 치는 자의 조상이 되고 음악하는 자
의 조상이 되었고 여러 가지 기구를 만드는 자가 되었지만 하나님을 떠난
자이며 하나님이 없는 자들이었습니다.

03   나는 믿음의 자손으로서 어떠한 특징을 가지고 있습니까?

되새김

4장과 5장의 두 후손의 비교는 분명한 대조를 이루며 믿음의 삶의 정의에 관하
여 우리들에게 보여 주십니다. 먼저는 두 후손을 비교하는 일이 중요하겠지만 믿
음의 시선은 믿음의 사람들이 과연 어떠한 사람인지에 관하여 주목하게 하십니
다. 그러므로 성경은 가인의 후손을 먼저 보여주십니다. 그것은 한 번 살펴보고
믿음의 삶에 대한 주목 가운데 점점 잊혀야 하는 것입니다. 믿음의 삶은 곧 하나
님과 동행하는 삶입니다.

PART

06

하나님 아들들의 부패
6장 1~8절

Key Point

6장의 전반부는 5장과 6장 이후에 나타나는 노아의 홍수를 잇는 중요한 부분입니다. 특별히 이장은 홍수의 진정한 원인이 어디에 있는가에 관하여 우리들에게 전하여 줍니다. 그것은 세상의 타락이 아닌 믿음의 사람들, 즉 하나님의 아들들의 타락으로부터 말미암는 것입니다.

본문 이해

창세기 3장의 죄는 우리들의 눈에 작게 보일 수 있습니다. 그러나 이제 그 죄가 어떠한 결과를 이루었는가를 창세기 6장은 분명하게 보여줍니다. 하와가 선악을 알게 하는 나무의 열매를 보고 좋아하고 먹음과 같이 동일하게 하나님의 아들들이 사람의 딸들의 아름다움을 보고, 좋아하고, 아내로 삼게 되었습니다. 하나님께서는 죄로 말미암아 당장에 심판을 행하시지 않으셨습니다. 그러나 세상의 심판은 불가피하게 되었습니다. 하나님께서는 사람의 죄악이 세상에 가득함과 그의 마음으로 생각하는 모든 계획이 항상 악할 뿐임을 보셨습니다.

■ 창세기 6장1-8절의 구조적 이해

창 6:1-4: 하나님의 아들들의 타락

창 6:5-8: 하나님의 심판 결심

1. 하나님께서 이 세상 가운데 보신 것은 무엇입니까?(5-7절)

5절 말씀에 증거 하시기를 여호와께서 사람의 죄악이 이 세상에 가득함과 그 마음으로 생각하는 모든 계획이 항상 악할 뿐임을 보셨다고 하셨습니다. 하나님께서 땅 위의 사람 지으셨음을 한탄하셨습니다. 하나님께서 사람으로 인하여 그들의 죄로 인하여 근심하셨습니다. 치료는 불가능하였습니다. 이제 할 수 있는 유일한 수단은 모든 사람을 쓸어버리는 것입니다. 이 땅의 모든 피조물들을 쓸어버리는 것입니다.

2. 이 세상의 타락됨보다 더 심각함은 무엇입니까?(1-2절)

이 땅의 죄악이 가득함보다 더 심각한 것은 바로 하나님의 사람들의 타락함입니다. 이 땅에 죄악의 가득함에 관해서 성경이 우리들에게 말씀하시기 이전에 말씀은 먼저 하나님의 아들들이 어떻게 타락하게 되었는가에 관해서 이야기해 줍니다. 세상은 어쩔 수 없는 절망적인 곳이 아니라 하나님의 사람들의 타락으로 말미암아 세상은 절망스럽게 되었다는 것을 잊어서는 안 될 것입니다.

3. 2절의 하나님의 아들들은 누구를 의미하는 것입니까?(2-3절)

하나님의 아들들은 셋의 후손들을 이야기하는 것입니다. 세상의 타락 속에서도 하나님을 경외하는 사람들이 있었습니다. 하나님께서는 가인이 아벨을 죽였을 때 아벨을 대신하여 셋을 주셨고 셋의 아들 에노스에 이르러서는 하나님을 경외하는 사람들이 함께 모여서 하나님께 예배를 드리기 시작하였습니다. 하나님을 경외하는 사람들의 모임 속에서 사람들은 더욱 하나님을 깊이 있게 만날 수 있었습니다. 하나님에 관한 이야기와 체험들, 깊은 묵상 속에서 더욱 그들의 신앙의 깊이를 더할 수 있었습니다. 에녹은 하나님과 동행하는 삶 속에서 하나님께 죽음을 맛보지 않고 들림을 받기도 하였습니다.

그러나 어느 시대가 되었을 때 더 이상 사람들은 하나님과 깊은 교제와 만남을 이루지 못하고 오히려 세상의 딸들, 믿지 아니하고 불순종한 자들의 세속적인 아름다움에 마음을 빼앗기기 시작합니다. 신앙의 가치관은 무너지고 더 이상 하나님을 사랑하지도 두려워하지도 찾지도 않는 시대가 되고 말았습니다. 영적인 존재가, 하나님의 아름다운 형상들이 세상과의 탐닉 속에서 하나님의 형상을 잃어버리고 '육신'이 되고 말았습니다.

'나의 영이 영원히 사람과 함께 하지 아니하리니'라 말씀하심은 곧 홍수로 말미암아 사람들이 심판을 받을 것을 말씀하시며, '그들이 육신이 됨'은 인생이 심판을 받을 만한 부패한 인생이 됨을 말씀하시는 것입니다.

4. 3절의 120년은 어떠한 기간입니까?(3절)

하나님은 언제든지 죄된 세상을 쓸어버리실 수 있습니다. 그러나 하나님께서는 120년이라는 유예기간을 두셨습니다. 하나님께서는 갑자기 심판하시지 않으십니다. 하나님은 인간에게 회개할 수 있는 시간적 여유를 두셨습니다. 한편으로 하나님은 기다리셨습니다. 오래 참으셨습니다. 그리고 지금도 기다리시는 것입니다. 다른 한편으로 이러한 기간에도 불구하고 회개하지 못하는 인생의 완악함을 보이는 것입니다. 하나님께서 120년이라 하심은 하나님께서 정하신 때이며, 이 때는 곧 므두셀라가 죽고 노아의 600세 된 해가 됩니다(창 5:27, 6:11).

5. 4절의 네피림에 관하여 살펴봅시다(4절).

하나님을 경외치 아니하는 세속의 무리들 중에 거인 족속인 네피림이 있었습니다. 하나님의 아들들은 사람의 딸들을 취하여 자식을 낳았으며 그들은 당시의 용사가 되었습니다. 거룩한 하나님의 군사로서의 용사가 아니라 하나님의 아들들의 자녀가 되어 오히려 저 세상에서 군림하고 다스리는 용사가 되었습니다. 한 시대를 풍미하는 영웅적인 사람으로서 유명한 사람들이 되었습니다. 그러나 이러한 사람들은 결코 하나님의 나라에서 유명할 수 없습니다. 세속적인 세상에서 고귀한 사람이 되어갈 때 하나님의 나라에서는 미천한 자가 되고 마는 것입니다. 더욱 안타까운 것은 이 용사들이, 패역한 백성들이 하나님 아들들의 자식이라는 것입니다. 하나님의 사람들이 옳지 못한 결단과 삶으로 말미암아 한 시대를 풍미하나 하나님의 나라에서는 부끄러운 자신의 자식들을 만들고 만 것입니다.

6. 하나님 심판의 예고 가운데 은혜를 입은 한 사람은 누구입니까?(8절)

"그러나 노아는 여호와께 은혜를 입었더라"(8절)

하나님의 심판이 예고된 가운데 은혜를 입은 한 사람 노아를 소개합니다. 노아가 하나님의 심판에 예외 된 것은 그의 의로움이 아닌 하나님의 은혜로 말미암은 것입니다. 하나님의 모든 구속은 바로 은혜로 말미암은 것입니다.

묵 상

01 이 세대는 어떠한 세대인지 살펴봅시다.

02 이 세대의 부패의 원인은 어디에 있는 것입니까?
이 세대의 부패의 원인은 어두움에 속한 이 세상에 있는 것이 아니라 이 세상 속에서 빛과 소금의 역할을 하지 못하는 믿음의 사람들의 책임 속에 있습니다.

03 나는 세상 속에서 어떠한 사람입니까? 나는 세상 속에서 어떠한 네피림적인 요소를 갖고 있습니까?

되새김

6장은 믿음의 사람들이 이 세상 속에서 어떠한 사람들이 되어야 하는가에 관하여 전하여 줍니다. 믿음의 사람들 중에서 노아와 그의 자손들은 일부분에 속한 것입니다. 거룩한 씨만이 남아 하나님의 형상으로서의 거룩함을 남긴 것입니다. 그러나 많은 믿음의 사람들은 어떻게 되었습니까? 세상의 타락은 바로 믿음의 사람들의 타락입니다. 이 세대 속에서 진정으로 회개하고 돌이켜야 할 사람들은 바로 믿음의 사람들입니다.

창세기(상)

제2부

원역사 2: 심판과 시작
(6-11장)

PART

07

대홍수의 예고
6장9~22절

Key Point

6장 후반부부터 9장 전반부까지는 노아의 대홍수의 이야기입니다. 온 세상의 죄악됨을
보신 하나님께서는 온 세상을 심판하시기로 결정하십니다. 그러나 이러한 하나님의 심판
에도 불구하고 하나님의 은혜가 노아 위에 임하였습니다. 노아의 은혜는 노아 자신만의
은혜가 아닌 온 인류에게 주어진 하나님의 은혜입니다.

　　창세기는 크게 원역사(1-11장)와 족장사(12-50장)로 나뉘며, 이는 크게 세 가지 시작에 관한 말씀입니다. '창조와 시작'(1-5장)은 선악과 사건, 가인과 아벨 사건으로 처음부터 어그러졌으나 그 절정은 6장1-8절에서 살펴볼 수 있습니다. 한 사람의 죄악이 아닌, 한 가정의 죄악이 아닌 온 세상에 죄가 가득하였습니다. 이제 두 번째 시작은 불가피합니다. 두 번째 시작은 첫 번째 시작과 같은 '창조'가 아닌 '심판'입니다. '심판과 시작'(6-11장)의 새로운 시작이 노아의 홍수를 통하여 이루어집니다. 그러나 이 또한 처음부터 어그러짐을 보게 될 것이며, 그 절정의 모습은 11장의 바벨탑의 모습으로 확인하게 될 것입니다.

　　창세기 6장9-9장29절은 세 번째 톨레도트입니다. 앞선 두 번째 톨레도트에서는(창 5:1) 아담의 족보를 통해서 가인의 후손과 대비함으로 극대화하여 이 세상에서 믿음의 사람들이 가져야 할 하나님의 형상과 복에 관하여 가르치셨다면 세 번째 톨레도트를 통해서는 죄악이 가득한 세상 속에서 한 사람 노아의 의로움과 같이 온전해야 함을 가르칩니다. 곧 한 사람 노아는 단지 개인적인 한 사람이 아닌 세상 속에서 살아가는 믿음의 사람을 대변합니다.

　　하나님께서 노아에게 명하신 것, 하나님께서 노아와 방주를 통해서 이루시기를 원하신 것은 사람들의 구원이 아니라 심판이었습니다. 단지 노아의 8 식구를 제외한 모든 사람들을 멸하는 것이 하나님의 뜻이었습니다. 노아에 관한 말씀 속에서 노아가 사람들을 방주로 초청하였다는 말씀을 읽을 수 없습니다. 곧 노아가 전도하였다는 것을 읽을 수 없는 것입니다.

그러나 이제 방주가 아닌 교회로서 믿음의 사람들에게 주어진 것은 그 생명의 보존이 아니라 저 세상의 구원의 사명이 교회 가운데 주어졌다는 것을 상기하여야 하겠습니다. 하나님께서 교회를 세상 가운데 세우신 것은 단지 성도의 생명을 보존하기 위한 것이 아니라 이 세상으로 하여금 참된 구원의 방주 가운데로 들어오게 하는 데에 목적이 있는 것입니다. 우리 교회는 참된 구원의 방주로서 무엇을 하고 있는지 살펴야 할 것입니다. 오늘날 우리들에게 주어진 사명은 결국 노아에게 주어진 사명보다 더 크고 존귀하다는 것을 깨달아야 할 것입니다.

■ 창세기 6장 9-22절의 구조적 이해

창 6:9-10: 노아와 세 아들
창 6:11-12: 온 땅의 부패
창 6:13: 하나님의 심판 예고
창 6:14-16: 방주의 식양
창 6:17: 홍수의 심판 예고
창 6:18-22: 하나님의 명령과 노아의 준행

1. 노아는 어떠한 사람이었습니까?(6장9절)

노아에 관한 본격적인 이야기는 그에 대한 평가로부터 시작됩니다. 창세기 6장9절은 명확하게 노아에 대한 평가를 전하는데 이러한 평가 외에 노아에 관하여 살핌은 유익합니다.

먼저 본문 말씀에서 노아는 의인이요 당대에 완전한 자요 하나님과 동행한 자라고 전하고 있습니다. 한 사람에 대한 이러한 명확한 성경적인 평가는 많지 않은 이례적인 표현들로 주목해 보아야 합니다. 그의 의로움은 사람의 평가에 있지 않은 하나님께로 말미암는 평가였습니다. 따라서 우리는 이러한 그의 삶에 대한 가치를 높이 평가할 수밖에 없는 것입니다. 그는 패역한 세상 속에 있으면서도 하나님을 경외하던 사람이었습니다. 언제나, 어느 시대에나 성도는 세상이라는 호수에 비친 모습이 아닌 하나님의 눈에 비친 자신의 모습을 찾아 나아가야 할 것입니다.

말씀이 명확하게 드러낸 노아에 대한 평가 외에 세 가지 평가를 더 할 수 있습니다. 첫째, 노아는 악한 세대 속에서 하나님의 은혜를 입은 자였습니다(창 6:8). 그의 의로움과 완전함, 하나님과 동행하는 삶이 있기 전에 그는 은혜의 사람이었습니다. 모든 믿음에는 하나님의 은혜가 선행되는 것입니다.

"그러나 노아는 여호와께 은혜를 입었더라"(창 6:8)

둘째, 노아는 하나님의 말씀에 순종의 사람이었습니다. 노아에 대한 하나님의 말씀에 노아는 언제나 순종으로 응답하였습니다.

말씀하심	노아의 순종
"하나님이 노아에게 이르시되~" (창 6:13 이하)	"노아가 그와 같이 하여 하나님이 자기에게 명하신 대로 다 준행하였더라"(창 6:22)
"여호와께서 노아에게 이르시되~" (창 7:1 이하)	"노아가 여호와께서 자기에게 명하신 대로 다 준행하였더라"(창 7:5)

셋째, 노아는 종말을 준비하는 사람이었습니다. 노아의 삶은 한 마디로 심판을 예비한 자의 삶입니다. 우리는 자신의 종말을 준비하는 삶을 살아야 할 것입니다. 단지 삶의 끝에 종말이 있는 것이 아니라 그 종말을 준비하며 예비하는 자의 삶을 살아야 할 것입니다. 노아는 방주를 지으며 자신의 종말을 준비하여야 하였습니다.

2. 하나님의 눈에 이 세상은 어떠하였습니까?(11-12절)

성경은 한 사람 노아에 대한 모습에서 다시 세상에 관하여 말씀하십니다. 노아의 때에 온 땅이 하나님 앞에 부패하여 포악함이 땅에 가득하였습니다. 땅에서 모든 혈육 있는 자의 행위가 부패하였습니다. 신약성경은 노아의 때를 마지막 인자의 때와 동일시합니다(마 24:37-39,

눅 17:26-27).

"노아의 때와 같이 인자의 임함도 그러하리라 홍수 전에 노아가 방주에 들어가던 날까지 사람들이 먹고 마시고 장가 들고 시집 가고 있으면서 홍수가 나서 그들을 다 멸하시기까지 깨닫지 못하였으니 인자의 임함도 이와 같으리라"(마 24:37-39)

세상에 죄악이 가득함은 하나님의 심판과 마지막 종말의 배경이 될 것입니다.

3. 하나님의 심판에 대한 경고의 말씀을 살펴봅시다(13-17절).

하나님이 노아에게 이르시기를 '모든 혈육 있는 자의 포악함이 땅에 가득하므로 그 끝날이 내 앞에 이르렀으니 내가 그들을 땅과 함께 멸하리라'라 하셨습니다(13절).

노아의 홍수에 대한 경고는 다음과 같은 의미의 경고를 가집니다.

첫째, 노아의 홍수는 종말의 사건을, 하나님의 종말론적인 마지막 심판을 미리 보여준다는 데에 그 가치가 있습니다. 만일 이러한 종말을 예표적으로 보여주는 사건이 없었더라면 모든 세대의 사람들은 뜻 밖에 찾아온 종말에 대해서 아무런 대비도 하지 못할 것입니다. 그러나 이제 성경은 옛사람들 가운데 있었던 하나님의 심판의 한 단면을 보여주심으로 말미암아 반드시 하나님의 심판이 있음과 이 심판의 두려움을 알게 하시는 것입니다.

둘째, 옛사람들은 자신들에 주어진 어떠한 예표적인 사건도 없이 심판을 겪게 되었으나, 오늘날 우리들은 이러한 넘치는 경고의 말씀이 있음에도 불구하고 결국 저들과 같이 심판에 이른다면 더욱더 핑계할 수 없을 뿐만 아니라 과거의 심판 가운데 있던 자들보다 더 큰 심판에 이르게 될 것입니다. 하나님의 자비하심도, 그 은혜도 무익하게 하는 자들은 결국 더 큰 심판에 이를 것입니다.

셋째, 하나님의 심판에는 어떠한 자비도 있지 않았습니다. 그 심판에는 어떠한 아낌도 없었습니다. 우리는 하나님의 사랑과 인애하심, 긍휼과 자비를 이야기합니다. 그러나 이러한 말들은 결코 하나님의 심판에 적용되지 않습니다. 하나님의 심판에는 오직 공의로움만이 있을 뿐입니다. 기억하시기 바랍니다. 하나님의 은혜를 입은 것은 단지 노아와 그에 속한 자들 뿐이었음을, 노아와 그의 아내, 그의 아들들과 자부들 8명을 제외한 모든 사람들은 결국 하나님의 심판에 구원함을 얻지 못하였습니다.

4. 하나님께서는 방주에 관하여 노아에게 어떠한 명을 하셨습니까?(13-22절)

① 방주의 재료(13절): 고페르 나무, 역청

■ 방주(테바)=상자, 궤(ark)

나무의 종류는 정확히 어떠한 종류인지 알 수 없습니다. 그러나 보다 중요한 것은 방주는 나무로 지음 받았다는 것입니다. 만일 방주가 하나님의 심판에 대한 구원의 방주가 된다면 이는 우리들을 하나님의 심판 가운데 있는 인생을 죄와 사망에서 건지신 주 예수 그리스도의 나무 십자가를 바라보게 하십니다. 방주(테바)는 배라는 의미보다는 궤, 상자라는 의미를 가지며 창세기와 출애굽기의 노아의 방주와 모세를 담았던 '갈대 상자'에 적용됩니다.

■ 역청(코페르)과 칠하라(카파르)

노아의 방주와 모세의 갈대상자는 동일하게 '역청'(코페르)을 발랐는데 '역청'은 역청 자체의 의미뿐만 아니라 '몸값', '속전'의 의미를 가집니다. 역청의 '코페르'와 칠하다의 '카파르' 모두 카파르에서 나온 바, 카파르는 '역청으로 칠하다'는 의미 외에 본래적으로 '덮다' '속죄하다'는 중요한 의미를 가지는 것입니다. 속량, 속죄란 '대용물을 드림으로 속죄하다'는 의미로 제사장이 속죄의 희생제물을 통해서 피 뿌리는 의식과 관련된 것입니다.

■ 칸(켄)=보금자리, 둥지

방주에 '칸'들을 만들라고 하였는데 이는 더욱 분명하게 이 방주가 하나님의 구원과 관련됨을 알 수 있게 합니다.

② 방주의 식양(15-16절): 길이 300 규빗, 너비 50 규빗, 높이 30 규빗, 위에서부터 한 규빗에 창을 내고, 옆으로 상중하 삼층의 문

방주의 식양이 정확히 하나님께로 말미암음은 구원은 하나님께로 남을 알게 하시는 것입니다.

③ 심판(17절): 하나님께서 홍수를 땅에 일으켜 무릇 생명의 기운이 있는 모든 육체를 천하에서 멸절하여 땅에 있는 것들이 다 죽을 것임

우리는 노아의 홍수가 모든 피조물에게 있지 않음을 알아야 합니다. 땅에 속한 모든 것이 멸절한 것이 아니었습니다. 하나님의 기준은 7장 22절에 나타나고 있습니다. '육지에 있어 그 코에 생명의 기운의 숨이 있는 것은 다 죽었더라' 코는 하나님께서 사람에게 생기를 불어넣으신 곳입니다. 이 심판은 이 땅의 피조물들에게 향한 것이 아니라 바로 사람에게 행하신 것입니다. 이는 하나님께서 주신 생명을 헛되게 한 모든 인간들에 대한 하나님의 심판임을 깨달아야 할 것입니다.

④ 구원(18-20절): 은혜 언약

하나님께서는 노아에게 세우신 언약에 관하여 말씀하셨습니다. 방주에 들어갈 인원은 노아와 그의 아내, 세 아들과 며느리들, 곧 노아의 8식구이며 생물의 보존을 위해서 새가 그 종류대로, 가축이 그 종류대로, 땅에 기는 모든 것이 그 종류대로 각기 둘씩 노아에게 나아오게 하여 그 생명을 보존케 하셨습니다. 하나님께서 노아와 맺으신 언약은 은

혜 언약입니다. 사람의 행위로 말미암은 것이 아닌 하나님의 은혜로 말미암은 것입니다.

⑤ 양식: 하나님께서는 노아에게 먹을 모든 양식을 가져다가 저축하여 노아와 그들의 먹을 것이 되게 하셨습니다.

이로 우리는 다시 한번 구원은 하나님의 방법으로 말미암은 것임을 살필 수 있습니다. 방주의 모든 식양은 사람의 방법이 아닌 철저하게 하나님께로 말미암았습니다. 출애굽기에 나타나는 성막의 식양 또한 하나님께로 말미암은 것이며 이는 구원은 사람이 아닌 하나님께로 말미암음을 우리들에게 교훈합니다.

묵상

01 노아에 관하여 나누어 봅시다. 성경에서 증거하는 노아의 모습과 내가 본 노아에 관하여 나누어 봅시다.

02 노아의 방주에 주는 교훈에 관하여 나누어 봅시다.

03 하나님의 언약에 관하여 나누어 봅시다.

되새김

노아의 대홍수 이야기로 하나님께서는 부패한 세상을 반드시 심판하신다는 것을 우리들에게 보여 주셨습니다. 사람들은 비가 오는 날까지 회개치 않았으며 이로 인하여 구원받은 8명의 사람을 제외하고는 모두 이 땅에서 멸절되었습니다. 우리는 오늘날 이 세대가 노아의 세대와 크게 다르지 않음을 알아야 합니다. 마지막 때가 노아의 때와 롯의 때와 같음을 알고 종말의 성도들은 깨어 있어야 할 것입니다(눅 17:26-30).

PART

08

노아의 대홍수
7장1~24절

Key Point

6장에서 노아의 대홍수의 배경이 되는 상황과 대홍수의 예고에 관한 말씀을 전하며 8장에서는 대홍수 이후의 말씀이 전개된다면 7장은 노아의 대홍수로 말미암아 하나님의 심판이 전개됨을 보여주십니다. 노아의 8 식구는 홍수 7일 전에 방주로 들어갔고 여호와께서는 그 문을 닫으셨으며 40일 동안 계속된 홍수는 150일 동안 땅에 넘쳤습니다.

본문 이해

창세기 6장과 7장 사이에는 120년의 간격이 있습니다. 성경에서 이러한 간격이 있는 구절들이 있습니다. 곧 창세기 마지막 장과 출애굽기 첫 장은 약 400년이라는 간격이 있고, 모세의 애굽으로부터 출생과 도망까지의 출애굽기 2장과 다시 부르심을 받는 출애굽기 3장에는 다시 40년이라는 간격이 있습니다. 민수기 13장, 14장의 가데스 바네아의 사건과 민수기 20장1절 사이에는 또한 38년이라는 시간적인 간격이 있습니다. 또한 구약의 마지막 장인 말라기와 신약의 첫 복음서인 마태복음 사이에도 400년이라는 간격이 있습니다. 이제 이러한 시간의 간격이 있지만 그럼에도 불구하고 하나님의 말씀은 마침내 성취된다는 것을 우리는 매 순간순간 기억해야 할 것입니다. 비록 하나님 섭리의 역사의 간격 중에 있지만 우리는 여전히 하나님을 신뢰하여야 하며 우리들을 향한 크신 뜻이 있음을 결코 잊어서는 안 될 것입니다.

■ 창세기 7장의 구조적 이해

창 7:1-5: 방주로 들어가라 명하심

창 7:6-12: 홍수의 시작

창 7:13-24: 홍수의 결과

1. 대홍수 직전 7일 전에 심판을 예고하시며 하나님께서 노아에 관하여 어떻게 증거하셨습니까?(1절)

하나님께서는 홍수 일주일 전에 다시 한번 노아의 의로움을 칭찬하셨습니다. 그의 의로움은 방주를 짓는 신실함 속에서 나타났습니다. 하나님께서는 악한 세대 가운데 하나님의 은혜를 입은 노아, 그 의인 노아를 보이실 뿐만 아니라 하나님께서 명하신 그 모든 명령을 준행하는 자로서의 노아의 의로움을 보이시는 것입니다. 6장22절 말씀, 노아는 하나님의 명하신 대로 모든 것을 다 준행하였습니다. 그는 120년 동안 많은 사람들의 비웃음에서도 심판을 예비하며 방주를 지었습니다.

참으로 홍수 7일 전에 하나님께서 노아의 의로움을 칭찬하심 속에서 그의 의로움은 하나님의 말씀에 준행함에서 그 의로움을 찾을 수 있어야 하겠습니다. 소위 예수 그리스도를 믿는 그 믿음이라는 이유로 하나님의 명하신 것들을 소홀하는 자는 그 이름을 헛되게 일컫는 자이며 그 이름을 망령되이 일컫는 자가 되는 것입니다.

"너희는 말씀을 행하는 자가 되고 듣기만 하여 자신을 속이는 자가 되지 말라"(약 1:22)

"우리 조상 아브라함이 그 아들 이삭을 제단에 바칠 때에 행함으로 의롭다 하심을 받은 것이 아니냐... 또 이와 같이 기생 라합이 사자들을 접대하여 다른 길로 나가게 할 때에 행함으로 의롭다 하심을 받은 것이

아니냐"(약 2:21, 25)

마태복음 7장 24절 이하에는 지혜로운 자와 어리석은 자에 관해서 말씀해 주십니다. 지혜로운 자는 그 집을 반석 위에 지은 사람입니다. 지혜로운 자는 주의 말씀을 듣고 행하는 자입니다. 이 사람이 반석 위에 집은 지은 사람이며 또한 지혜로운 사람입니다. 그러나 주의 말씀을 듣고 행치 아니하는 자는 모래 위에 집을 사람이며 어리석은 자로서, 비가 내리고 창수가 나고 바람이 불어 그 집에 부딪히며 무너져 그 무너짐이 심한 사람입니다.

2. 대홍수 직전 7일 전에 심판을 예고하시며 하나님께서 노아에게 명하신 바를 살펴봅시다(1-3절).

하나님께는 노아에게 말씀하시기를 모든 정결한 짐승은 암수 일곱씩, 부정한 것은 암수 둘씩을 데려와 그 씨를 온 지면에 유전하게 하라 하셨습니다. 칼빈은 자신의 주석에 말하기를 6장 19절과 7장 2절이 차이를 우리들 가운데 전해 주었습니다. 곧 6장 19절은 그들의 실제적인 수효를 의미하는 것이 아니라 그들을 쌍 단위로 들이라는 일반적인 가르침이며 7장 2절의 말씀은 보다 구체적인 그들의 수효까지 전해주시는 말씀이라는 것입니다.

3. 대홍수 직전 7일 전에 노아에게 심판을 예고하신 바 하나님께서 행하실 일은 무엇입니까?(4절)

하나님께서는 홍수에 관하여 더욱 구체적으로 노아에게 말씀하여 주셨습니다. 일주일 후부터 시작될 비는 사십 주야 동안 계속되어 하나님께서 지은 모든 생물을 지면에서 쓸어버리실 것입니다. 하나님께서는 모든 만물의 창조주로서 만물의 주권을 가지고 계시는 바 그분께는 살리는 권세도 죽이는 권세도 있는 것입니다.

4. 대홍수가 일어난 때는 언제입니까?(6-12절)

사건	날 짜	기간		성 구
홍수 7일전 예고	노아 600년 2월10일	7일		창 7:7
홍수의 시작	노아 600년 2월17일	40일	150일	창 7:11
홍수의 40주야	노아 600년 3월26일 경			창 7:11-12
아라랏 산 정박	노아 600년 7월17일	110일		창 7:24, 8:4
산 봉우리가 보임	노아 600년 10월1일	73일		창 8:5
까마귀를 보냄	노아 600년 11월11일	40일		창 8:6-7
첫 번째 비둘기를 보냄	노아 600년 11월18일	7일		창 8:8-9
두 번째 비둘기를 보냄	노아 600년 11월25일	7일		창 8:10-11
세 번째 비둘기를 보냄	노아 600년 12월2일	7일		창 8:12
지면에 물이 걷힘	노아 601년 1월1일	29일		창 8:13
지면에 물이 마름	노아 601년 2월27일	57일		창 8:14

노아의 600세 되던 해의 2월17일입니다. 앞으로 살펴볼 수 있는 바와 같이 홍수가 일어난 때를 비롯하여 여러 사건의 때를 정확히 기록하

고 있는 것은 이 홍수가 어떠한 전설이나 설화와 같이 꾸며낸 이야기가 아닌 역사적인 사실임을 우리들에게 전해 주시는 것입니다.

홍수의 총기간은 노아 600년 2월17일부터 601년 2월27일로 약 1년 10일 곧 약 375일이었습니다.

노아가 방주에 들어간 때는 홍수가 나기 전 7일 전입니다. 노아의 식구들은 말씀에 순종하여 아직 비가 오기 전에 방주로 들어가 하나님의 심판의 때를 기다렸습니다(창 7:9-10). 그러므로 노아가 방주를 만든 일이나 그가 방주에 들어간 일은 세상 사람들의 눈에는 끝까지 어리석고 미련한 일로 보였을 것입니다. 그러나 이미 닫힌 방주의 문은 심판의 날에 열리지 않았습니다.

5. 여호와께서 방주의 문을 닫으심을 살펴봅시다(13-16절).

"여호와께서 그를 들여보내고 문을 닫으시니라"(창 7:16)

방주의 문은 노아의 식구들과 하나님께서 명하신 피조물들이 다 들어가기까지 닫히지 않았습니다. 그러나 이들이 다 들어간 후에 여호와께서 노아를 들여보내고 문을 닫으셨습니다. 문을 여시는 이도 여호와시며 그 문을 닫으시는 이도 여호와이십니다. 구원의 문은 항상 열려 있는 것이 아니라 때가 차면 닫히게 되는 것입니다. 특별히 앞서 밝혔듯이, 노아의 방주의 문이 닫힌 것은 비가 오는 가운데 닫힌 것이 아님을 기억하여야 합니다. 등은 준비하되 그릇에 기름을 담아 준비하지 않은 미련한 다섯 처녀는 '보라 신랑이로다 맞으러 나오라'는 음성을 듣고도 결국 혼인 잔치의 문이 닫힘으로 들어갈 수 없었습니다(마 25:1-13).

6. 홍수로 세상이 잠김을 살펴봅시다(17-24절).

홍수가 땅에 40일 동안 계속되어 방주가 땅에서 떠올랐고, 물이 땅에 더욱 넘쳐 방주는 물 위에 떠 다녔으며, 물이 더욱 넘쳐 천하의 높은 산이 다 잠겼으며 물은 높은 산 위로 15규빗(약 7m)이나 더 올랐습니다(창 7:17-20).

육지에 있어 그 코에 생명의 기운의 숨이 있는 것은 다 죽었습니다. 하나님께서는 노아와 방주에 들어간 이들을 제외하고 지면의 모든 생물을 쓸어버리셨습니다. 물은 150일을 땅에 넘쳤습니다.

묵상

01 하나님께서 보신 노아의 의로움에 관하여 나누어 봅시다(창 7:1).

02 노아가 홍수 일주일 전에 방주에 들어감에 관하여 나누어 봅시다.

03 하나님께서 방주의 문을 닫으심에 관하여 나누어 봅시다.

되새김

노아의 방주는 구원을 위한 것이 아닌 하나님의 심판과 '유전'(창 7:3)을 위한 것입니다. 노아의 방주는 홍수 전에 닫혔으며 더 이상의 구원은 없었습니다. 그러나 참된 방주가 되는 십자가와 교회는 하나님의 심판과 유전이 아닌 구원의 쓰임을 받아야 할 것입니다. 애굽의 병사들이 홍해에 수장되기 전 세상의 모든 것이 물에 잠겼음을 기억하여야 할 것입니다. 하나님의 준엄한 심판이 있기 전에 생명의 복음을 전하여야 할 것입니다.

PART

09

홍수의 그침
8장1~22절

Key Point

6장은 노아의 대홍수의 배경이 되는 상황과 대홍수의 예고에 관한 말씀을 전하며 7장에서는 실제적인 대홍수로 말미암은 인류와 만물에 대한 하나님의 심판이 있었습니다. 이제8장에서는 홍수가 그치고 땅이 회복됨을 보여줍니다.

본문 이해

하나님의 심판으로 말미암아 세상이 물에 잠긴 가운데에서도 하나님께서는 그의 백성들을 기억하셨습니다. 큰 깊음의 샘들이 터지며 하늘의 창문들이 열려 홍수가 나게 하셨던 하나님께서는 이제 바람을 땅에 불어 물이 줄어들게 하셨습니다. 하나님께서는 우리들의 고통의 연수를 감하시는 긍휼의 하나님이십니다. 하나님께서는 이처럼 진노 중에라도 긍휼과 자비를 베푸시는 것입니다.

■ 창세기 8장의 구조적 이해

창 8:1-5: 물이 줄어듦
창 8:6-12: 까마귀와 비둘기를 내 보냄
창 8:13-15: 땅에 물이 마름
창 8:16-19: 방주에서 나옴
창 8:20-22: 노아의 번제

1. 홍수 후에 물이 줄어듦을 살펴봅시다(1-5절).

하나님께서는 노아와 그와 함께 방주에 있는 모든 들짐승과 가축을 기억하셨습니다. 하나님의 심판이 있는 가운데에서도 그들은 보호를 받았으며 하나님의 기억하심이 그들 가운데 있었던 것입니다. 하나님께서 바람을 땅 위에 불게 하시어 물이 줄어들게 하셨습니다. 이처럼 물이 줄어들기 시작한 것은 40일 주야의 홍수를 포함하여 150일 후였습니다. 즉 노아 600년 2월17일 홍수의 비가 내리기 시작함부터 방주의 배가 7월17일에 아라랏 산에 머물기까지의 기간은 150일이었습니다. 물이 점점 줄어들어 10월1일에는 산들의 봉우리가 보였습니다.

2. 까마귀와 비둘기를 내놓음을 살펴봅시다(6-12절).

산들의 봉우리들이 보이기 시작함으로부터 40일을 지나서 물이 마른 여부를 알고자 노아는 창문을 열고 먼저 까마귀를 내놓았습니다. 그러나 많은 부유물들과 썩은 사체와 덮인 세상에서 까마귀는 오히려 안식의 처소를 누리고 노아에게로 돌아오지 않았습니다. 까마귀는 썩은 고기를 먹으며 젖은 땅에 앉기도 함으로 노아에게로 돌아가야 할 필요성이 없었던 것입니다. 까마귀는 물이 땅에서 마르기까지 날아 왕래하였습니다.

노아는 7일 후에 이번에는 비둘기를 내놓아 지면에서 물이 줄어들었는지를 알고자 하였습니다. 그러나 온 지면에 물이 있으므로 비둘기는 발붙일 곳을 찾지 못하고 방주로 돌아와 노아에게로 왔습니다. 까마귀는 젖은 땅에도 앉으며 시체에도 앉으나 비둘기는 마른땅에만 앉는 새입니다. 비둘기는 온 지면에 물이 있음으로 발붙일 곳이 없었던 것입니다. 우리는 참으로 이 비둘기로부터 많은 교훈을 얻기에 충분한 것입니다. 참으로 이 세상에는 성도의 안식할 곳이 없는 것입니다. 성도가 안식할 곳은 오직 방주 안이며 하나님 품 안에서만이 안식할 수 있는 것입니다. 육신에 속한 자는 육신의 것을 좇으며 그곳에서 안식하지만 영에 속한 자는 오직 하나님 안에서 안식할 수 있는 것입니다. 중요한 것은 우리가 안식하는 것에 있지 않고 우리가 어디서 안식하는가에 있는 것입니다. 우리가 안식하는 그곳을 통해서 우리가 어떠한 사람들인가를 알 수 있는 것입니다. 세상 사람들이 세상을 좋아하는 것은 그들이 세상에 속하였기 때문인 것입니다. 그러나 믿음의 사람들은 참되게 주 안에서만 안식할 수 있는 사람들이 되어야 하는 것입니다. 노아는 발붙일 곳을 찾지 못하고 돌아온 비둘기를 받아들였습니다. 우리 주님께서도 세상에서 안식하지 못하고 돌아온 우리들을 참으로 이렇게 영접하여 주실 것입니다.

노아는 7일을 기다려 다시 비둘기를 방주에서 내어 놓았습니다. 역시 지면에 물이 감한 여부를 알고자 하였기 때문입니다. 비둘기는 저녁때에 돌아왔는데 그 입에 감람나무 새 잎사귀가 있었습니다. 비둘기는 자신에게 주어진 사명을 온전히 감당하였습니다. 비둘기가 저녁때에 돌아옴을 통해서 이 비둘기가 반나절 동안 날아갔으며, 또한 나머지 반나절 동안 날아와 자신의 사명을 완수하였음을 볼 수 있습니다. 비둘기는 단지 저녁때에 돌아온 것이 아니라 하루 온종일 날아 자신의 사명을 감당한 것입니다. 이러한 삶의 충성됨이 믿음의 사람들 가운데 있어야 할 것입니다. 참된 믿음의 사람들은 주 안에서 안식할 뿐만 아니라 이 세상 속에서 온전히 자신에게 주어진 사명을 충성되이 감당하는 사람들인 것입니다. 노아는 비둘기의 입에 있는 감람나무 새 잎사귀를 통해 땅에 물이 감한 줄을 알았습니다.

노아는 그 후 다시 7일을 기다려 비둘기를 내어 놓았습니다. 이번에는 비둘기가 돌아오지 않은 것은 노아로 하여금 땅에서 물이 마름을 깨닫게 해 주는 것이었습니다.

3. 노아가 방주에서 나옴을 살펴봅시다(13-19절).

성경은 방주에서 나온 때를 정확하게 기록하고 있습니다. 곧 노아 601년 1월1일에 지면에 물이 걷혔고 노아가 방주의 뚜껑을 제치고 본즉 지면에 물이 걷혔습니다. 그러나 지면의 물이 걷힘을 보고도 노아는 방주 안에서 나오지 않았습니다. 이를 단지 심판의 두려움 가운데 있음으로 말미암는다고 여겨서는 안 될 것입니다.

물은 601년1월1일에 걷히고 그 후 2월27일에 땅이 말랐습니다. 그리고 하나님의 말씀이 노아에게 있었습니다.

"너는 네 아내와 네 아들들과 네 며느리들과 함께 방주에서 나오고 너와 함께 한 모든 혈육 있는 생물 곧 새와 가축과 땅에 기는 모든 것을 다 이끌어 내라 이것들이 땅에서 생육하고 땅에서 번성하리라"(16-17절)

곧 노아는 물이 걷힘을 통해서 무모에게 나오지 않고, 땅이 마름을 통해서 두려움을 접고 나온 것이 아니라 하나님의 말씀으로 말미암아 나온 것입니다. 참으로 방주에서 나오는 노아의 모습 속에서조차 노아의 순종의 아름다운 신앙을 살필 수 있는 것입니다.

4. 노아가 번제를 드림을 살펴봅시다(20-22절).

노아는 방주에서 나와 여호와를 위하여 제단을 쌓았습니다. 모든 정결한 짐승과 모든 정결한 새 중에서 제물을 취하여 번제로 제단에 드렸습니다. 성경에서는 노아가 방주에서 나와 그의 생계를 위하여 무엇을 하였다고 말씀하시지 않고 그가 여호와를 위하여 제단을 쌓았다고 가르치고 있는 것입니다. 우리는 이처럼 무슨 일을 하기 이전에 하나님께 제단을 쌓을 수 있는 자들이 되어야 할 것입니다. 이것이 바로 믿음입니다.

또한 노아는 무엇을 하기 이전에 하나님께 제단을 쌓았을 뿐만 아니라 대홍수 후에 제단을 쌓은 것입니다. 우리는 이 땅에서 겪는 모든 슬픈 일과 기쁜 일 후에 하나님께 제단을 쌓을 수 있어야 할 것입니다. 우리들이 하루의 일을 마치고 자신의 집으로 돌아가야 하는 것처럼 우리들이 돌아가야 할 자리는 예배의 자리인 것입니다. 그 예배로부터 우리들의 삶의 시작이 나오며 또한 하루의 안식처가 바로 이 예배가 되기 때문인 것입니다.

모든 인생의 심판은 노아에게 두려움이 되었지만 하나님의 창조한 인생의 심판은 누구보다도 하나님의 마음을 아프게 하였을 것입니다.

우리가 하나님의 마음을 헤아릴 수는 없지만 그 마음을 향하여, 그 마음을 품으며 살아갈 때에 이처럼 고귀하고 아름다운 것은 없을 것입니다. 여호와께서는 그 향기를 받으시고 그 중심에 이르시기를 다음과 같이 말씀하셨습니다.

"내가 다시는 사람으로 말미암아 땅을 저주하지 아니하리니 이는 사람의 마음이 계획하는 바가 어려서부터 악함이라 내가 전에 행한 것 같이 모든 생물을 다시 멸하지 아니하리니 땅이 있을 동안에는 심음과 거둠과 추위와 더위와 여름과 겨울과 낮과 밤이 쉬지 아니하리라"(창 8:21-22)

노아의 제단을 받으신 하나님께서는 본질적으로 부패한 인생이 다시 죄를 지을 것을 아시며, 만일 그리하다 할지라도 다시는 사람으로 말미암아 전에 행하신 것과 같이 모든 생물을 다시 멸하지 아니하심을 약속하셨습니다. 더 나아가 세상의 끝날이 이르기까지 세상의 법칙과 순환이 반복될 것임을 약속하셨습니다. 이는 오늘 우리들이 사는 모든 삶의 모습들이 다 하나님의 은혜와 약속 가운데 이루어지고 있는 것이라는 것을 잊지 말아야 할 것입니다.

묵상

01 하나님의 기억하심에 관하여 하나님께서는 나의 삶에 어떠한 것을 기억하실지 나누어 봅시다.

02 까마귀와 비둘기의 교훈에 관하여 나누어 봅시다.

03 노아의 예배에 관하여 나누어 봅시다.

되새김

하나님의 창조로 아담과 하와를 통해서 세상에 시작을 주신 하나님께서는 이번에는 심판 후에 노아를 통해서 세상을 시작케 하십니다. 하나님께서는 시작케 하시는 하나님이십니다. 하나님께서는 행하시는 심판과 종말도 단순한 마지막이 아닌 새로운 시작을 위한 것입니다. 또한 하나님께서는 이 땅의 종말적인 심판을 마지막으로 미루셨습니다. 이 땅의 부패함 속에서도 그날이 오기까지 하나님을 경외함으로 믿음을 지켜야 할 것입니다.

무지개 언약
9장1~17절

Key Point

대홍수의 심판의 종결과 더불어 하나님께서는 인류와 만물에게 무지개 언약을 허락하십니다. 무지개 언약은 '세상 끝날까지' 유효하며, 다시는 만물을 '물로 심판하시지 않으심'에 대한 하나님의 언약입니다. 그러므로 인생은 아무리 세상에 죄악이 가득하다 할지라도 하나님의 언약은 계속되고 있음을 알고 겸손하고 두려운 마음으로 세상과 죄에 대하여 역행하는 믿음의 삶을 살아야 하겠습니다.

본문 이해

    홍수 후에 하나님께서는 노아에게 복을 주시며 그와 언약하심으로 하나님의 복이 지속되고 있음을 알게 하십니다. 노아에게 주신 복은 하나님께서 아담과 하와에게 하셨던 말씀과 같은 것입니다. 비록 하나님의 창조가 죄로 말미암아 깨어졌으나 노아의 홍수 후에 하나님께서 노아와 맺은 언약은 그 복이 계속됨과 더불어 인간의 모든 연약함에도 불구하고 그 언약이 계속됨을 보여줍니다. 무지개 언약은 다시는 세상을 물로 심판하시지 않으심에 대한 하나님의 선언이며 약속일뿐만 아니라 인간의 모든 연약함에도 불구하고 계속되는 하나님의 복에 대한 선언입니다.

■ 창세기 9장1-17절의 구조적 이해

    창 9:1-2: 노아와 그 아들들에게 복을 주심

    창 9:3-7: 육식의 허용

    창 9:8-17: 무지개 언약

1. 하나님께서 노아와 그 아들들에게 주신 복을 살펴봅시다(1-2절).

    하나님께서는 노아와 그의 아들들에게 복을 주시며 '생육하고 번성하여 땅에 충만하라'고 말씀하심으로 창조의 날에 아담과 하와에게 복을 주시며 하신 말씀을 다시금 반복하셨습니다(창 1:28). 그러나 '땅의 모든 짐승과 공중의 모든 새와 땅에 기는 모든 것과 바다의 모든 물고기가 너희를 두려워하며 너희를 무서워하리니 이것들은 너희의 손에 붙였음이니라'고 말씀하심으로 한편으로는 여전히 피조물에 대한 사람의 권위를 인정하시지만 다른 한편으로 홍수 이전에 가졌던 피조물과 인간의 아름다운 공존이 깨어졌음을 가르치십니다.

2. 하나님께서 사람에게 식물로 무엇을 주셨습니까?(3절)

사람에게 주신 먹거리로 이전에 금지되었던 육식이 허락되었습니다. 이전에 동물은 제사로나, 의복을 위하여 필요하였으나 이제는 먹거리가 됨으로 동물에 대한 인간의 주권은 더욱 강화되었습니다. 이로써 선악과의 판단의 기준은 바로 하나님의 말씀으로 말미암은 것임을 알게 하십니다.

3. 하나님께서 금하신 것은 무엇입니까?(4-5절)

사람이 고기를 먹되 피채 먹지 말라 하셨습니다. 피는 곧 생명으로 비록 인간의 먹거리로 동물을 허락하셨지만 생명에 대한 하나님의 주권을 지켜야 함을 가르치시는 것입니다.

4. 다른 사람의 피를 흘린 사람에 대한 말씀을 살펴봅시다(6절).

노아 홍수 이후의 또 다른 변화로 다른 사람의 피를 흘리면 그 사람의 피도 흘릴 것으로 이는 사람의 심판에 대한 주권을 또한 사람에게 맡기심의 말씀이 됩니다. 사람은 하나님의 형상으로 더욱 존귀하여 사람을 고의로 죽이는 자는 법적인 제도 안에서 죽이게 하시는 말씀이 됩니다.

5. 무지개 언약에 관하여 살펴봅시다(8-17절).

　노아의 홍수 이야기는 하나님께서 노아와 노아의 아들들과 맺은 무지개 언약으로 맺습니다. 이 무지개 언약은 무릇 사람에게뿐만 아니라 모든 피조물들과 맺은 언약입니다. 곧 다시는 모든 생물을 홍수로 멸하지 아니할 것이라는 하나님의 언약이십니다. 이 언약은 생명의 언약이면서도 하나님의 심판을 기억케 하는 언약입니다. 우리는 또한 이 무지개를 볼 때마다 하나님의 언약을 생각하며 그 안에 있는 인생의 종말에 대한 경계를 늦추지 말아야 할 것입니다. 하나님께서는 물로 심판하시지 않으신다고 하셨습니다. 그러나 하나님께서는 불로 심판하십니다. 하나님께서는 모든 생물을 멸하시지 않으시겠다고 하십니다. 그러나 그것은 마지막 종말 이전까지입니다. 우리는 앞으로 올 하나님의 심판과 그 나라를 바라보며 오늘의 삶을 믿음의 경종 가운데 살아야 할 것입니다.

묵 상

01 노아에게 주신 복에 관하여 나누어 봅시다.

02 다른 사람의 피를 흘리는 자에 대한 말씀의 교훈은 무엇입니까?

03 무지개 언약에 관하여 나누어 봅시다.

되새김

하나님께서는 무지개의 언약으로 다시는 이 땅에 물로 심판하시지 않겠다는 언약을 주셨습니다. 이는 단순한 자연적 현상이 아닌 하나님의 변치 않으시는 언약이신 것입니다. 그러나 이 언약조차 마지막 날에 있을 하나님의 심판을 부정하지 않습니다. 무지개 언약은 한편으로 사랑과 자비의 언약이나 다른 한편으로는 마지막에 있을 심판을 기억케 하시는 것입니다.

PART

11

인류의 번성
9장18~10장32절

Key Point

첫 사람 아담과 하와를 창조하셨을 때에 하나님의 보시기에 좋으심도 잠시요 그들의 죄와 그에 결과인 심판을 보았듯이, 새로운 인류인 노아와 그의 자손들로 말미암은 새 인류의 시작도 하나님 앞에 완전하다고 하였던 한 인생의 연약함으로 말미암아 저주와 축복이 펼쳐집니다. 우리는 이 과에서 인류의 번성을 다시 한번 보며 새 구원의 역사를 향한 서막을 확인하게 될 것입니다.

본문 이해

창세기의 네 번째 톨레도트는 홍수 후 노아의 세 아들을 통해서 온 인류가 형성됨을 보입니다. 성경이 단순히 이스라엘이라는 한 민족의 역사서가 아님을 이번 과는 보여 줍니다. 성경은 이스라엘 중심으로 서술되기 앞서 온 인류의 기원을 밝힘으로써 온 인류가 하나님의 통치와 주권 아래에서 번성하였음을 보여줍니다. 아브라함을 통한 이후 이스라엘 민족의 선택은 하나님의 주권적인 선택으로 모든 인류의 구속을 위한 하나님의 섭리에 따른 것입니다.

그러나 이러한 네 번째 톨레도트 전에 노아의 술취함과 이에 관련된 이야기 속에서 온 인류 가운데 어떻게 하나님의 구속의 섭리와 역사가 전개되어가는가를 예견하게 합니다.

■ 창세기 9장18-10정32절의 구조적 이해

창 9:18-29절: 노아의 술 취함

창 10:1: 네 번째 톨레도트

창 10:2-5: 야벳의 족보

창 10:6-20: 함의 족보

창 10:21-31: 셈의 족보

창 10:32: 결어

1. 이번과의 주제를 단락의 처음과 마지막을 통해서 살펴봅시다(9장 18-19절, 10장 32절).

창 9장18-19절	"방주에서 나온 노아의 아들들은 셈과 함과 야벳이며 함은 가나안의 아버지라 노아의 이 세 아들로부터 사람들이 온 땅에 퍼지니라"
창 10장32절	"이들은 그 백성들의 족보에 따르면 노아 자손의 족속들이요 홍수 후에 이들에게서 그 땅의 백성들이 나뉘었더라"

본문의 주제는 노아의 후예들에 의한 인류의 번성을 다루고 있습니다. 앞으로 보게 되겠지만 특별히 노아의 세 아들 셈과 함과 야벳의 후예들이 70지족임을 살펴볼 수 있는데 이는 성경에서 70은 온 인류를 대표하는 숫자라는 염두에서 통일성 있게 살펴볼 수 있는 개념이 됩니다.

2. 홍수 후 노아의 실수와 이로 말미암은 노아의 축복과 저주 사건을 살펴봅시다(9장20-27절).

1) 노아의 실수는 무엇이었습니까?(20-21절)

노아가 농사를 시작하여 포도나무를 심었더니 포도주를 마시고 취하여 그 장막 안에서 벌거벗었고 그 모습을 아들에게 보이고 말았습니다. 하나님의 거룩한 자가 자기 절제를 하지 못함으로 말미암는 작은 틈으로 말미암아 인류는 다시 저주와 축복의 맞물림을 경험하게 됩니다.

2) 노아의 세 아들은 아버지의 실수에 어떠한 반응을 보였습니까?(22-23절)

가나안의 아버지 함은 그의 아버지의 하체를 보고 밖으로 나가서 두 형제에게 알리매 셈과 야벳이 옷을 가져다가 자기들의 어깨에 메고 뒷걸음쳐 들어가서 아버지의 하체에 덮었으며 그들이 얼굴을 돌이키고 그 아버지의 하체를 보지 아니하였습니다.

'알리다'(22절)는 '나가드'라는 동사이며 그 기본 의미는 '눈에 띄다'이며 '말하다, 알게 하다, 폭로하다, 선언하다, 고백하다, 인정하다'는 다양한 의미를 가집니다. 함의 경우에는 이 알림은 누설하고 폭로하다는 의미를 가집니다. 그러나 셈과 야벳은 반대로 그들의 아버지의 하체를 옷으로 '덮었습니다'. 이는 '카사'라는 단어로 '덮다'는 의미에서, '숨기다, 감추다' 더 나아가 '용서하다'는 의미까지 가집니다. 함의 행위와 셈과 야벳의 행위는 정반대의 행위가 됩니다.

3) 노아의 축복과 저주의 내용을 살펴봅시다(25-27절).

노아가 술이 깨어 그의 작은 아들이 자기에게 행한 일을 알고 이르기를

"가나안은 저주를 받아 그 형제의 종들의 종이 되기를 원하노라... 셈의 하나님 여호와를 찬송하리로다 가나안은 셈의 종이 되고 하나님이 야벳을 창대케 하사 셈의 장막에 거하게 하시고 가나안은 그의 종이 되

게 하시기를 원하노라"(25-27절)

라고 하였습니다.

4) 아버지 함의 죄로 말미암아 아들 가나안이 저주를 받는 이유는 무엇입니까?

자신이 먼저 한 아버지의 자식이 되어 자신의 아버지의 수치를 덮지 못하고 드러냄으로 말미암아 아버지의 존엄함을 상실케 한 자식은 자신의 자식이 저주를 받음으로 말미암아 하나님의 심판이 선포되고 있습니다. 그러나 이는 단순히 한 가계의 저주와 축복이 아닌 하나님께서 인류에게 행하실 일들을 대언하는 예언적인 성격을 가지고 있습니다.

3. 노아의 향년에 관하여 살펴봅시다(28-29절).

홍수 후에 노아는 350년을 살았고 그의 나이 950세가 되어 죽었습니다.

4. 노아의 세 아들 셈과 함과 야벳의 후예들을 자세히 살펴봅시다(10장 1-31절).[11]

---

11) 이종윤, 『창세기 Ⅰ』(서울: 필그림출판사, 1995), 235-254쪽.

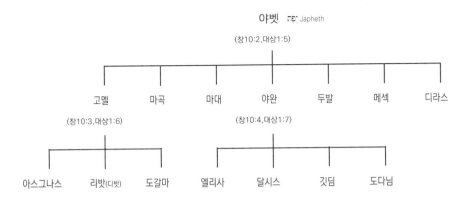

먼저 야벳의 후예들입니다.

1. 고멜은 키메르족을 형성(영국 남서부의 웨일스와 브리타니 반도에 살고 있는 쿰리족이 유래)

2. 마곡은 흑해 동남쪽에 살던 스구디아족을 대표, 후일 하나님 백성을 침략할 것을 예언(겔 38:2, 14-6)

3. 마대는 메대족인데 주전 9세기에 카스피해안의 서쪽에 거함

4. 야완은 이오니안으로 알려진 헬라족의 일파

5. 두발은 소아시아 동쪽에 거함(겔 38:2-3, 39:1-2)

6. 디라스는 에게 해안에 살던 팬마스 기안 족속으로 해적떼임

7. 아스그나스에서는 게르만족이 나옴(흑해 북쪽의 스키디안족)

8. 리밧에게서는 켐트족(아리안족의 일파로 스코틀랜드, 웨일스, 아일랜드)과 고올족(고대 프랑스인)이 나옴

9. 도갈마는 아메니아족을 이룸

10. 엘리사는 이태리 남쪽 또는 시실리에 살던 족속

11. 달시스는 스페인 족속

12. 깃딤은 구브로와 지중해 연안에 거하던 족속들

13. 도다님(또는 로다님)은 헬라 북쪽에 살던 이들

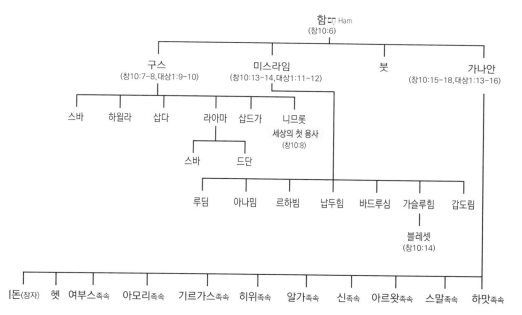

다음으로 함의 후예들입니다.

1. 구스는 에디오피아족으로 아프리카, 아시아 남부, 아라비아 등에 거주하며, 앗구르 동쪽 카씨트족의 조상도 됩니다. 이들은 셈 방언을 채탬했습니다. 혹해 서쪽은 구스 즉 에디오피아요, 동쪽은 스바.

2. 미스라임은 애굽.

3. 붓은 아프리카 동부와 아라비아 남부에 거했음

4. 가나안은 가나안 땅에 거한 민족을 대표합니다. 이들 자손은 비록 저주를 받았으나 가장 아름다운 가나안에서 살았습니다.

5. 스바

6. 하윌라(삼상 15:7)는 아라비아 족속

7. 삽다, 8. 라아마, 9. 스바, 10. 드단은 소수 아라비아 지역에 거주

11. 살드가는 파사민 동쪽에 거주한 족속

12. 니므롯은 하나님을 대적한 이, 세속주의자, '이는 영걸이다' 즉 폭력 통치자로 자기 힘만 자랑한 자요, '여호와 앞에서 특이한 사냥꾼'으로 사람을 무시하고 교만한 살인자요 '그는 침략자'다.: 앗시리아

13. 루딤은 나일강 삼각주의 시옥에 거함

14. 아나밈은 애굽 서쪽 사막 가운데 비교적 비옥한 곳에 거함

15. 르히빔은 아프리카 북쪽 해안에 거함

16. 납두힘은 애굽 북쪽에 거함

17. 바두르심은 애굽 상부에 거함

18. 가슬루힘에서 불확실하나 블레셋 족속이 나옴

19. 갑도림은 애굽과 연결된 그레데섬에 사는 이들.

20. 헬라가 그레데를 쳤을 때, 많은 난민이 팔레스틴으로 갔습니다. 후일 그들이 블레셋이 되었습니다.

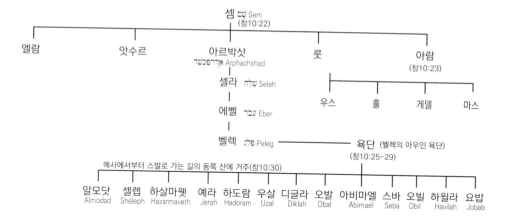

마지막으로 셈의 후예들입니다.

1. 에벨(건너편이라는 뜻으로 히브리라는 말의 근원)은 유브라데 강 건너편에서 왔는데 아브라함의 조상으로, 히브리 민족을 통한 구원을 설명키 위해 에벨의 이름이 먼저 나옵니다.

2. 엘람[12]은 파사만에서 카스피아 해까지 거주(후일 셈 방언을 사용하지 않음) 아브라함이 롯을 구해 오기 위해 318명의 군사를 거느리고 싸울 때에 적군의 주동적인 역할을 하였던 나라가 바로 엘람이며 그 나라의 왕이 그돌라오멜입니다. 그들은 앗수르가 선민 유대를 침략할 때 군사를 지원하여 예루살렘 멸망을 돕기도 하였습니다(사 22:6)

3. 앗수르는 티그리스강 동쪽에 거주하다가 후에 소아시아 지역으로 퍼짐. 앗수르 족속은 니므롯에게 정복당한 이후 셈의 신앙적인 계승

---

12) 박윤식, 『창세기의 족보』(서울:휘선, 2009), 199쪽.

을 이루지 못하고 함의 자손과 마찬가지로 호전적인 민족으로 선민을 괴롭히는 자리에 섭니다. 창세기 10장11절에서 니므롯은 앗수르로 나아갔다고 하였는데 이는 니므롯이 셈 족의 앗수르를 정복하였음을 보여줍니다.

4. 아르박삿은 앗수르 북쪽에 거주

5. 룻은 소 아시아에 거주

6. 아람은 수리아, 메소포타미아의 아람족의 조상

7. 우스는 팔레스틴 동쪽과 에돔 북쪽

8. 훌은 알메니아 지방

9. 게델과 10. 마스는 메소포타미아와 알메니아 사이에 거주

11. 셀라는 보낸다는 뜻인데 그의 때에 셈의 자손들이 각처로 이동

12. 벨렉은 나뉨을 말한다.

13. 욕단은 아라비아인의 조상으로 그의 13아들의 후예 중 어떤 자들은 아직도 그 땅에 거함(에벤을 중심하여 흩어져 삶)

4. 10장 족보에 자세하게 설명된 구절들을 주목하여 봅시다.

1) 니므롯(10장8-12절)

성경에서 나타난 인물 중에 니므롯이 지상에서 최초로 강력한 국가를 형성했던 자임을 나타냅니다. 여기서 우리는 바벨론의 창시자를 살펴보는 것입니다. 바벨론의 기원과 성경 전체에 나타나 있는 하나님을 대적하는 바벨론의 성격을 보는 것입니다.

2) 가나안(15-19절)

가나안은 가나안 땅에 거한 민족을 대표하며 이들은 자손은 비록 저주를 받았으나 가장 아름다운 가나안에서 살았습니다. 함의 아들 가나안에 대한 저주와 본문의 가나안에 대한 언급, 이후에 가나안 족속과 출애굽한 이스라엘, 가나안 땅에 입성한 이스라엘과 가나안에 대한 관계는 계속적으로 상관관계를 가지며 영적인 의미를 제공합니다.

3) 에벨(21, 25절)

에벨은 벨렉의 아버지이며 벨렉은 아브라함 계통의 조상입니다. 따라서 셈의 족보를 이야기하면서 먼저 에벨을 언급한 것은 말씀이 항상 히브리 민족의 계보를 염두에 두고 있음을 증거하는 것입니다.

5. 아담의 후예들에 의한 인류의 번성과 1장 이후에 인류의 번성에는 어떠한 차이점과 공통점이 있습니까?

하나님께서는 모든 피조물과 사람을 만드시고 보시기에 좋아하시며 생육하고 번성하여 땅에 충만하라고 명하셨습니다. 그러나 노아의 후예들에게서는 하나님의 보시기에 좋으셨다는 말이 나타나지 않습니다. 오히려 저들은 번성하기 이전부터 인간 안에 있는 연약함을 보였으며 축복과 저주가 얽혀 있는 것을 보여주는 것입니다.

묵상

01 노아의 실수로부터 우리들은 어떠한 교훈을 얻을 수 있습니까?

02 노아의 최후를 에녹의 최후에 비교하여 봅시다.

03 온 땅에 충만하기를 원하시는 하나님께서 원하시는 진정한 충만은 무엇입니까?

되새김

우리는 본 과에서 노아의 후손들에 의한 인류의 번성을 살펴보았습니다. 그것은 여러 가지 면에 있어서 첫 사람에게 주어진 축복과 다른 것이었습니다. 인류의 번성에는 그 시작부터 연약함이 내재되어 있었습니다. 이제 이 세대는 온 땅에 충만한 것이 목적이 아닌 새로운 하나님의 구속을 기다리게 됩니다. 우리는 이 땅에서 참된 충만이 무엇일지 깊은 묵상을 가져야 할 것입니다.

PART

12

바벨탑 사건
11장1~26절

Key Point

이번 과는 두 가지 주제로 구성되어 있습니다. 첫째, 인류의 심판과 흩어짐이며 둘째, 하나님의 구속의 새 역사입니다. 인류의 하나님께 대한 교만과 반역인 바벨탑은 언어의 혼잡으로 중단되고 인류의 흩어짐을 가속화시킵니다. 인류의 끝임 없는 반역과 죄됨에도 불구하고 하나님께서는 한 사람 아브라함을 부르사 구속의 새 역사를 계획하십니다.

창세기의 10번의 톨레도트 중에 5번째 톨레도트인 셈의 족보에 관하여 본 과에서는 전합니다. 셈의 족보는 5장의 아담의 족보가 아담으로부터 아담의 10대손이 되는 노아에 이름과 같이 셈의 10대손이 되는 아브람까지 전합니다.

셈의 족보 전에 바벨탑의 사건은 네 번째 톨레도트로서 노아의 아들들의 족보로 이루어진 70인족과 인류의 번성이 어떠한 결과를 가지고 왔는지를 보입니다. 하나님의 창조가 죄로 말미암아 노아의 홍수 심판이 불가피해진 바와 같이 죄된 세상은 심판 앞에 위태위태한 모습이었습니다. 그러나 이미 무지개 언약을 통해서 하나님의 자비를 보이신 하나님께서는 심판이 아닌 구속이라는 새로운 일을 계획하시는 것입니다.

■ 창세기 11장1-26절의 구조적 이해

창 11:1-9: 바벨탑 사건
창 11:10-26: 셈의 족보-다섯 번째 톨레도트

1. 바벨탑 사건에 관하여 살펴봅시다(1-9절).

  1) 바벨탑을 쌓게 된 동기는 무엇입니까?

  인간이 하나님과 같이 되고자 하는 노력은 새로운 형태로 다시 시작됩니다. 바벨탑을 쌓음으로 흩어짐을 면하고 탑을 하늘 끝에 닿고자 하는 것은 결국 스스로 하나님이 되고자 하는 인생의 어리석은 시도입니다.

  2) 하나님께서는 바벨탑을 쌓는 자들의 일을 중단시키시기 위하여 어떻게 행하셨습니까? 또한 그 결과는 무엇입니까?

  하나님께서는 사람들의 언어를 혼잡케 함으로 저들의 하나됨을 깨트리셨습니다. 이 일로 말미암아 수많은 언어가 생기게 되었으며 사람들은 흩어지게 되었습니다.

  3) 하나님께서 바벨탑을 쌓는 일을 중단케 하신 일 가운데는 어떠한 은혜를 발견할 수 있습니까?

  우리는 하나님께서 우리들의 일을 중단케 하심에 대한 깊은 섭리가 있음을 깨달아야 합니다. 특별히 바벨탑을 쌓는 일이 결국은 하나님과 같이 높아지고자 하는 인생의 교만한 어리석음에 속한 일이라면 이 일이 사전에 중단됨으로 말미암아 더 큰 죄악에 빠지는 것을 하나님께서 막으셨음을 우리들에게 보여주시는 것입니다. 우리는 때를 씀으로 말미암아 이 땅에서 할 수 있는 그 무엇보다도 잠잠히 하나님의 뜻을 구하며 하나님의 뜻에 순종할 때 이룰 수 있는 그 열매의 큼을 기억하여야 하겠습니다.

2. 10-26절의 족보를 살펴보며 창세기에서 족보가 갖는 위치를 연구하
여 봅시다.

　11장에는 셈의 후예들에 대한 족보가 기록되어 있습니다. 5번째 톨
레도트입니다. 노아의 세 아들 중에 하나인 셈으로부터 아브라함에 이
르는 10대가 기술되어 있습니다. 이는 하나님의 선택에 관하여 알게 하
십니다. 바벨탑의 언어 혼잡 사건 이후 이 10대를 거치는 동안 하나님
께서는 마치 모세 이전 400년과 신구약의 중간기 400년 동안 침묵하
셨던 것처럼 침묵하십니다. 이 10대를 거치면서 아브라함의 아버지 데
라가 우상을 섬기듯이 하나님을 향한 기억은 잊게 되었습니다. 곧 믿음
의 시작은 하나님의 부르심과 계시로 말미암아 시작됩니다. 5장의 아
담으로부터 노아까지 10대의 족보는 죽음에 대한 이야기가 나오나 이
제 믿음의 시작을 알리는 족보에서는 죽음에 대한 기술 없이 서술됩니
다. 하나님의 창조의 아름다움에 반한 인간에 타락에 대한 하나님의 구
속의 역사가 믿음이라는 새로운 장으로 이어짐을 셈의 족보는 보여주
고 있는 것입니다.

　셈-아르박삿-셀라-에벨-르우-스룩-나홀-데라-아브람

묵상

01   우리의 하나됨은 하나님께서 기뻐하시는 하나됨 가운데 있습니까?

02   우리들은 어떠한 형태로 하나님과 같이 되고자 하는 시도들을 끊임없이 행하고 있는지 생각하여 봅시다.

03   나의 삶 가운데 하나님께서 막으신 일들을 살펴보며 하나님의 뜻을 구하여 봅시다.

되새김

11장은 이스라엘의 역사가 양분화되는 장입니다. 이것은 또한 하나님의 구속의 역사의 새 장을 우리들에게 보여주시는 것입니다. 이제 인간의 모든 교만과 패역함에도 불구하고 하나님의 주권적인 섭리의 역사가 한 사람을 부르심을 통해서 이루어지며 이러한 약속은 신약에 예수 그리스도 안에서 성취됩니다. 우리는 인간의 속성과 일들을 살피며 또한 우리들 가운데 행하신 하나님의 은혜의 크심에 관한 주목함을 가져야 할 것입니다.

창세기 (상)

제3부

족장사 1
아브라함의 생애-믿음의 성장기
(12-15장)

PART

13

부르심과 약속
11장27~12장9절

Key Point

인류의 타락에 대한 하나님의 구속의 역사는 인간의 내적인 스스로의 변화가 아닌 주권적인 하나님의 은혜의 개입으로 말미암아 이루어지게 됩니다. 이제 이러한 하나님의 은혜는 한 연약한 사람 아브람을 부르심으로부터 시작됩니다. 우리는 아브람의 인생을 살피며 한 사람을 부르신 하나님의 주권적인 은혜 가운데 변화되어 가는 인생과 더불어 하나님의 구속의 섭리를 살필 수 있습니다.

창세기의 전반부가 되며, 구원사의 서론적인 역할을 하는 1-11장의 원역사가 끝이 나고, 후반부로 12-50장의 족장사가 시작됩니다.[13] 창조와 심판을 통하여 두 번의 시작은 구원사의 배경이 됩니다. 이제 세 번째 시작은 구원에 의한 시작이며, 이는 하나님의 약속으로 말미암습니다.

족장사를 이루고 있는 아브라함의 이야기와 야곱의 이야기와 요셉의 이야기는 각각의 구속사로서 독립적인 청사진을 보여줍니다.

곧 아브라함의 이야기는 '하나님의 약속'을 보여주십니다. 아브라함의 삶의 여정은 땅과 자손에 대한 약속을 끝까지 붙잡는 믿음의 여정을 보여줍니다. 이는 하나님의 구속의 역사에 대한 약속과 믿음에 관한 이야기입니다.

야곱의 이야기는 '하나님의 인도하심'을 보여주십니다. 야곱의 이야

---

13) 창 11:27-32과 12:1-9은 각각 아브라함의 이야기의 첫 번째 단락과 두 번째 단락으로 간주되지만 전체 아브라함 이야기의 배경과 주제를 말하는 서론적인 역할을 합니다(베스터만, 코우츠, 알렉산더). 고든 웬함, 『창세기』(서울: 도서출판 솔로몬, 2001년), 477쪽.

기는 '도망과 귀환'이라는 주제 아래 장소적인 변화를 통해서 하나님의 인도하심을 보게 하십니다. 야곱은 하나님의 인도하심 가운데 밧단아람도, 브엘세바도. 세겜도 아닌 벧엘로 올라갑니다.

마지막 요셉의 이야기는 구속사의 절정으로 '하나님의 구원의 청사진'을 보여주십니다. 요셉의 이야기는 도덕적으로 뛰어나며 신앙적인 탁월한 한 인물에 대한 소개가 아닌 예수 그리스도의 구속에 대한 청사진이 되는 것입니다.

■ 아브라함의 믿음의 여정–성장기 성숙기 완숙기

족장사의 첫 번째는 아브라함의 이야기입니다. 그는 75세에 하란을 떠나 175세에 죽기까지 100년의 세월을 하나님과 동행합니다. 특별히 그의 믿음의 인생은 세 부분으로 나뉩니다. 첫 번째 시기는 그가 부르심을 받고 가나안 땅에 들어감으로 시작하여 횃불 언약의 때까지입니다(12-15장). 이는 믿음의 여정의 초기로 성장기의 모습을 보여줍니다. 두 번째 시기는 가나안 땅에 들어간 지 10년 후, 사래의 여종 하갈로부터 이스마엘을 얻을 때로부터 이삭을 낳을 때까지입니다(16-21장). 이는 믿음의 여정의 중기로, 믿음의 성숙기에 관한 말씀입니다. 마지막 세 번째 시기는 모리아 산에서 이삭을 드린 후로부터 그의 죽음까지입니다(22-25장). 이는 믿음의 여정의 말기로, 믿음의 완숙기가 됩니다.

아브라함의 이야기는 하나님께서 그를 부르신 이야기로부터 시작됩니다. 곧 아브라함의 이야기의 시작은 그로 말미암은 것이 아닌 하나님께로 말미암은 삶인 것입니다. 믿음의 시작은 사람으로 말미암은 것이 아닌 하나님께로 말미암습니다. 아브라함의 인생의 여정은 한 개인의 여정이 아닌 믿음의 여정을 보여줍니다. 이삭의 출생, 야곱의 출생, 요셉의 출생에 관한 말씀은 있지만 아브라함의 출생에 대한 말씀이 없음은 믿음의 출생은 육적인 출생으로 말미암은 것이 아닌 하나님의 부르심으로 말미암음을 알게 하시는 것입니다. 우리가 시작하기를 원한다면 그의 음성을 들음으로부터 시작하여야 할 것입니다. 만일 우리가 하나님의 음성을 듣지 못하고, 그 부르심을 듣지 못한다면 아직 시작하지 못한 것입니다.

"너희 안에서 착한 일을 시작하신 이가 그리스도 예수의 날까지 이루실 줄을 우리는 확신하노라"(빌 1:6)

"나는 알파와 오메가요 처음과 마지막이요 시작과 마침이라"(계 22:13)

이번 과는 아브라함을 부르심과 약속에 관하여 나눕니다. 한편으로 하나님의 부르심에서 모든 믿음의 근거와 출발을 삼는 것이며 다른 한편으로 부르신 하나님의 약속이 무엇인지에 관하여 살핍니다.

창 11:27-32: 데라의 자손

창 12:1-3: 하나님의 부르심과 약속

창 12:4-9: 아브람의 이주

1. 데라의 가계에 관하여 살펴봅시다(27-32절).

　창세기의 6번째 톨레도트는 데라의 톨레도트입니다. 데라는 아브람과 나홀과 하란을 낳았습니다. 그러나 이것은 육신의 순서가 아닙니다. 육신의 순서는 하란이 먼저이며 그다음에 아브람과 나홀입니다. 데라는 70세에 아들을 낳았으며(26절) 이후에 하란에서 205세를 향수하고 죽었을 때에 아브람은 75세였으므로(12장4절) 아브람은 아버지 나이 130세에 낳은 것으로 계산되며 나홀은 아브람의 동생이라는 기록이 있으므로(22장20절) 하란이 첫째이고 아브람이 둘째며 나홀이 셋째가 되는 것입니다. 곧 성경의 순서는 육적인 순서가 아닌 때때로 믿음의 순서이며 영적인 서열로서 기록되는 것입니다. 하란은 롯과 밀가와 이스가를 낳았으며 이 중에 밀가는 나홀의 아내가 되었습니다. 하란은 아버지보다 먼저 갈대아 우르에서 죽었으며 이후에 데라의 가족은 아브람과 사래, 아브람의 조카 롯과 더불어 갈대아 우르에서 하란으로 떠나게 됩니다. 결국 데라는 목적지인 가나안 땅에 이르지 못하고 하란에서 죽게 됩니다. 6번째 톨레도트인 데라의 족보는 아브라함에 관한 이야기입니다.

2. 아브람이 갈대아 우르를 떠나 하란을 거쳐 가나안 땅으로 들어가게 되기까지의 과정을 살펴봅시다.

아브람의 여정을 살피기 위해서는 다음의 구절들을 참고하여야 합니다.

(수 24:2-3) "여호수아가 모든 백성에게 이르되 이스라엘의 하나님 여호와께서 이같이 말씀하시기를 옛적에 너희의 조상들 곧 아브라함의 아버지, 나홀의 아버지 **데라가 강 저쪽에 거주하여 다른 신들을 섬겼으나** 내가 너희의 조상 **아브라함을 강 저쪽에서 이끌어 내어** 가나안 온 땅에 두루 행하게 하고 그의 씨를 번성하게 하려고 그에게 이삭을 주었으며"

아브람의 가계는 족보상으로 하나님의 자녀들이었으나 어느 순간부터 하나님을 잊고 살아가는 사람들이 되었습니다. 하나님의 창조는 죄로 말미암아 노아의 홍수의 심판을 불러왔으나 이러한 하나님의 심판에도 불구하고 세상은 바벨탑에서 보이는 바 반역과 불신앙이 가득하였으며 아브람 또한 그가 부르심을 받은 때에도 우상숭배자와 다를 바가 없었습니다. 아브람의 아버지 데라는 우르에서 다른 신들을 섬기며 우상을 만드는 사람이었으며 그의 아들 아브람 또한 역시 하나님을 알지 못하던 사람이었습니다. 아브람의 이같은 상황은 은혜의 빛이 비치기 전에 우리들의 모습을 보여줍니다.

(행 7:2-3) "스데반이 이르되 여러분 부형들이여 들으소서 우리 조상 아브라함이 **하란에 있기 전 메소보다미아에 있을 때에** 영광의 하나님이 그에게 보여 이르시되 네 고향과 친척을 떠나 내가 네게 보일 땅으로 가라 하시니"

(창 11:31-32) "데라가 그 아들 아브람과 하란의 아들인 그의 손자 롯과 그의 며느리 아브람의 아내 사래를 데리고 갈대아인의 우르를 떠나 가나안 땅으로 가고자 하더니 하란에 이르러 거기 거류하였으며 데라는 나이가 이백오 세가 되어 하란에서 죽었더라"

(창 12:1-3) "여호와께서 아브람에게 이르시되 너는 너의 고향과 친척과 아버지의 집을 떠나 내가 네게 보여 줄 땅으로 가라 내가 너로 큰 민족을 이루고 네게 복을 주어 네 이름을 창대하게 하리니 너는 복이 될지라 너를 축복하는 자에게는 내가 복을 내리고 너를 저주하는 자에게는 내가 저주하리니 땅의 모든 족속이 너로 말미암아 복을 얻을 것이라 하신지라"

하나님께서 나타나신 것은 아버지 데라가 아닌 그의 아들 아브람에게였습니다. 그러나 아브람은 자신이 아닌 아버지에 의해서 우르를 떠남으로 말미암아, 그리고 조카 롯을 데리고 떠남으로 하나님의 말씀을 좇아 고향과 친척과 아버지의 집을 온전히 떠나지 못하게 됩니다. 결국 그는 아버지가 죽기까지 하란에 머물려야 했으며 이후에는 조카 롯과도 결별하게 됩니다.

3. 하나님께서 아브람에게 주신 축복의 말씀 이전에 주어진 두 가지 명령은 무엇입니까?(12장1절)

　하나님의 축복의 말씀이 주어지기 전에 먼저 두 가지 명령이 있었습니다. 그것은 떠나야 하는 것과 가야 하는 것입니다. 옛 삶의 터전에 머물러 있는 그곳에는 어떠한 축복도 약속도 없는 것입니다. 우리는 아브람이 그의 고향과 친척과 아버지의 집을 떠나야 했던 것과 마찬가지로 우리의 죄된 옛 삶의 현장을 떠나야 할 것입니다. 또한 우리들은 하나님께서 우리들을 이끄시고자 하는 그곳으로 나아가야 할 것입니다. 아브람은 하나님께서 이끄시는 그곳을 향하여 갈 바를 알지 못하고 가는 믿음을 보여 주었습니다(히 11:8). 이제 이러한 하나님의 인도하심을 받는 삶 가운데 하나님의 축복이 주어지는 것입니다.

4. 하나님께서 아브람에게 주신 다섯 가지 약속은 무엇입니까?(2-3절)

　하나님께서 아브람에게 주신 5가지 약속은 히브리어로 각각 '라아', '아사', '바락', '가달', '하야'로 정리될 수 있습니다.

아브람에게 주신 5가지 약속	
① 라아	보다
② 아사	만들다
③ 바락	복을 내리다
④ 가달	크게 하다
⑤ 하야	되다

① 라아

히브리어 '라아'는 '보여주다'라는 의미입니다. 아브람에 대한 첫 번째 약속은 하나님께서 아브람에게 말씀하신 명령에서부터 나옵니다. '내가 네게 보여줄 땅으로 가라'는 말씀은 명령이며 동시에 약속입니다. 이는 첫 번째 약속으로 내가 네게 땅을 보여줄 것이라고 하신 것입니다. 하나님께서는 우리들을 나아가게 하시고 우리들의 길에 열어주시며 새로운 일들을 보여주실 것을 약속하십니다. 하나님께서 보여주신 땅은 지엽적으로 가나안 땅만을 의미하는 것이 아닌 하나님께서 약속하시는 천국과 통치와 다스림을 약속하시는 것입니다. 이 세상의 통치자들은 세상의 땅을 얻고 늘리는 데에 마음을 두었지만 믿음의 사람들은 하나님께서 보여주실 땅을 향한 믿음으로 사는 사람들인 것입니다.

② 아사

히브리어 '아사'는 '만들다'는 의미입니다. 두 번째 아브람에 대한 약속은 '내가 너로 큰 민족을 이루리라'는 약속입니다. 하나님께서 아브람에게 말씀하신 바는 참으로 이해할 수 있는 바는 아니었습니다. 이미 가나안 사람들이 살고 있는 땅에 대한 약속과 더불어 이미 나이가 75세가 넘은 나이에, 후에 우리는 아브람이 아들을 낳은 것이 그의 백세임을 알고 있습니다. 이처럼 모든 것은 합리적인 사고와 이성적인 사고로는 받아들일 수 없는 바였습니다. 그러나 아브람은 이 모든 것을 믿었습니다(창 15:6). 하나님께서는 아브람을 통해서 생명이 흘러가게 하셨습니다.

③ 바락

히브리어 '바락'은 '복을 주다'는 의미입니다. 세 번째 아브람에 대한 약속은 '네게 복을 주시겠다'는 약속이었습니다. 복을 주시는 이는 하나님이십니다. 이 복의 성격 또한 은혜입니다. 하나님께서는 복을 받을 만한 자격이 없는 자에게 그의 복을 허락하시는 것입니다. 이는 사람의 복 가운데 하나님의 은혜를 보게 합니다. 아브람에게 있었던 복은 그의 삶에 하나님의 은혜를 나타내는 것입니다. 하나님께서 아브람에게 주신 복은 다만 아브람에게만 머물지 않습니다. 하나님께서 아브람에게 주신 복은 아브람을 통해서 결국 땅의 모든 족속에 미치는 것입니다.

"너를 축복하는 자에게는 내가 복을 내리고 너를 저주하는 자에게는 내가 저주하리니 땅의 모든 족속이 너로 말미암아 복을 얻을 것이라 하신지라"(창 12:3)

하나님께서는 아브람을 축복의 통로로 삼으셨습니다. 믿음의 사람들은 복의 과녁이 아닌 통로가 됩니다. 열방을 복되게 하는 자가 되는 것입니다. 이 모든 것이 바로 하나님의 약속이며 뜻입니다.

④ '가달'

히브리어 '가달'은 '크게 하다'는 의미입니다. 네 번째 아브람에 대한 약속은 '이름을 창대하게 하리라'는 약속입니다. 이 이름은 참으로 존귀한 이름이 되었습니다. '너희가 그리스도의 것이며 곧 아브라함의 자손이요'라고 하였습니다(갈 3:29). 그의 이름은 모든 믿음의 사람들에게 미치는 존귀한 이름이 되었습니다. 하나님께서는 믿음의 사람들의 이름을 존귀케 하십니다. 하나님께서는 우리의 이름을 존귀케 하시고, 우리의 소유를 창대케 하십니다. 작은 씨가 나무를 이루고 많은 열매를 맺듯이 하나님께서는 크게 하시며 존귀케 하시는 것입니다.

⑤ '하야'

히브리어 '하야'는 '~이다, 되다'라는 의미입니다. 하나님께서는 아브라함으로 복(브라카)이 되게 하셨습니다. 아브람을 브라카가 되게 하시는 이는 하나님이십니다. 요셉으로 총리가 되게 하시고, 다윗으로 왕이 되게 하시고, 베드로로 사람을 낚는 어부가 되게 하시는 이는 하나님이십니다.

믿음의 여정은 하나님의 보여주심과 하나님의 만드심과 하나님의 복을 주심과 하나님의 크게 하심과 하나님의 되게 하심으로 이루어집니다. 아브람을 부르심과 약속은 바로 믿음의 삶에 대한 부르심과 약속입니다.

5. 4절 말씀 속에서 신앙의 양면적인 모습을 살펴봅시다(4절).

아브람은 하나님의 말씀을 좇아갔습니다. 그러나 하나의 말씀이 더 첨가된 것을 살펴볼 수 있습니다. 곧 롯도 그와 함께 가게 되었습니다. 이미 하나님께서는 12장1절에서 너의 고향과 친척 아버지의 집을 떠나라고 말씀하셨습니다. 이 말씀은 그의 삶의 터전을 의미하는 장소적인 의미뿐만 아니라 모든 관계적인 부분까지 의미하는 것입니다. 아직 연약한 아브람은 하나님의 말씀을 따라 좇아갔으나 여전히 온전하지 못하였습니다. 롯은 아브람이 애굽에서 나온 이후에 결국은 좋지 않은 계기로 분가하게 되며 그는 죄의 도성 소돔 땅에 머물며 아브람의 근심거리가 되며 더 나아가 소돔의 멸망 후에는 이스라엘 가운데 죄의 씨를 남기는 역할을 하게 되는 것입니다. 우리는 우리의 신앙의 이러한 양면적인 모습을 살펴보아야 합니다. 우리는 하나님께 순종하는 그 순간에도 여전히 불순종의 모습을 가지고 있는 것입니다.

6. 아브람은 하란에 얼마 동안 머물었습니까?(5절)

아브람은 갈대아 우르를 그 아버지 데라와 함께 떠나 아버지 데라가 죽기까지 하란에 머물렀습니다. 우리는 아브람이 하란에 머문 정확한 기간은 알 수 없습니다. 그러나 말씀을 살펴볼 때에 그가 그곳에서 많은 소유를 얻었고 많은 사람들을 얻게 된 것을 보아 적지 않은 기간 동안 머물었음을 알 수 있습니다(창 12:5).

7. 하란은 아브람에게 있어 어떠한 곳입니까?

하란은 아브람에 있어 목적지가 아니었습니다. 하란은 가나안 땅을 향한 과정이었습니다. 또한 하란은 아브람의 길을 막는 곳이었습니다. 아브람은 아버지 데라가 죽기까지 하란에 머물러야 했습니다. 말씀을 의지하여 아버지 데라를 떠나지 못한 것이 결국 그로 하여금 하란에 머물게 한 것입니다. 메소포타미아 문명의 한 중심이 되는 하란을 벗어나지 못하는 것은 오늘날 우리들에게도 귀한 교훈을 줍니다. 하나님의 말씀을 따라 떠났음에도 불구하고 옛 삶의 지경을 벗어나지 못하는 그곳이 바로 하란인 것입니다. 또한 아브람은 하란에서 많은 재물과 사람들을 모을 수 있었습니다. 그의 삶의 또 다른 안정감이 된 것입니다. 그러나 여전히 그곳은 삶의 과정입니다. 결국 아브람은 가나안 땅으로 가려고 떠나서 마침내 가나안 땅으로 들어가게 되었습니다. 이 얼마나 귀한 목적과 또한 결과입니까! 갈 바를 알지 못했던 아브람에게 하나님께서는 명확하게 갈 바를 가르쳐 주셨고 아브람은 순종함으로 그 땅에 들어가게 된 것입니다. 오늘 내가 명확하게 나아가야 할 곳은 어디입니까?

8. 아브람이 가나안 땅에 들어가서 행한 일은 무엇입니까?(6-9절)

아브람이 가나안 땅에 들어가 세겜 땅 모레 상수리나무에 이르렀습니다. 그곳에서 하나님께서 아브람에게 나타나 이르시기를 '내가 이 땅을 네 자손에게 주리라' 하셨습니다. 아브람은 자기에게 나타난 여호와 하나님께 그곳에서 제단을 쌓아 예배하였습니다. 그는 자신에게 나타나신 하나님께 먼저 예배하고 그다음에 자신의 장막을 예비하였습니다. 곧 거기서 벧엘 동쪽 산으로 옮겨 장막을 쳤습니다. 그가 첫 번째 장막을 친 곳은 벧엘과 아이의 사이로 서쪽에는 벧엘이 있고 동쪽에는 아이가 있었습니다. 아브람은 그곳에서 두 번째 제단을 쌓았습니다.

아브람은 삶의 과정에서 예배하였습니다. 그의 첫 번째 제단은 이것을 보여줍니다. 언제 예배하여야 합니까? 하나님께서 내게 행하시는 그 때에 예배하여야 합니다. 삶의 의미와 성취로 말미암아 감사의 예배 이 전에 하나님께서 행하시는 일들을 바라보며 예배할 수 있는 자가 되어 야 합니다.

아브람은 자신의 삶의 의미와 목적을 알았습니다. 그러므로 그는 가 나안 땅에 들어가서 장막을 쳤습니다. 그러나 그의 동생인 나홀은 메소 포다미아에서 성을 쌓았습니다. 그는 순례자의 길을 떠나지 못한 자요 이 땅에 소망을 둔 자의 삶을 보여주는 것입니다(창 11:26, 24:10). 아 브람은 롯과 그 삶을 비교하기 전에 먼저 나홀과 비교될 수 있습니다. 나홀은 이 세상에서 성공자의 삶을 살았지만 아브람은 하나님께 '의로 운 자'라 인정함을 받았으며(창 15:6), 복의 근원의 약속을 가졌으며 하 나님의 벗이라 칭함을 받았습니다(약 2:23).

9. 가나안 땅에는 누가 살고 있었습니까? 하나님의 약속의 말씀은 무엇입 니까?(6-9절)

아브람이 가나안 땅에 들어갔을 때에 그 땅에는 가나안 사람들이 살 고 있었습니다. 그러나 하나님께서는 아브람에게 그 땅에 대한 약속을 하십니다. 이것은 갈대아 우르에게 떠나라는 말씀에 이어 그 땅을 품으 라는 새로운 명령의 말씀이었습니다. 땅에 대한 약속이 아브람에게 있 었으나 그에게 성취된 것은 아니었습니다. 그는 마치 그 땅에 보내어 진 정탐꾼과 같았습니다. 가데스 바네아에서 보내진 12명의 정탐꾼들처럼 아브람은 가나안 땅에 먼저 보내진 정탐꾼이요 선발대와 같았습니다. 이제 먼저 보내진 자가 품어야 할 것은 하나님의 약속에 대한 믿음입니다.

묵상

01 하나님께서 오늘 나에게 떠나라고 하시는 것은 무엇입니까?

02 명확하지 못한 하나님의 말씀 속에서 하나님이 원하시는 것은 무엇입니까?

03 하란은 하나님께 대한 순종과 나의 연약함이 함께 머무는 곳입니다. 나에게 하란과 같은 곳은 무엇입니까?

되새김

하나님을 알지 못하던 자가 하나님의 음성을 듣고 연약한 가운데서도 그의 삶이 성장해 나가는 모습을 살펴볼 수 있습니다. 이제 한 사람 아브람에게 펼쳐진 하나님의 관여와 신앙의 반응들을 살피며 우리들의 연약한 믿음에 온전함을 더하여야 하겠습니다.

PART

14

애굽으로 내려감
12장10~20절

Key Point

아브람은 마침내 하나님께서 그에게 갈대아 우르에서 명하셨던 약속의 땅에 들어가게 되었습니다. 그러나 아브람은 여전히 하나님의 말씀에 기초한 삶에 대한 연약함을 가지고 있었습니다. 그는 어느 곳에 정착하지 못하였고 점점 남방으로 옮겨가다가 마침내 그 땅에 기근이 임하였을 때에 약속의 땅을 떠나 애굽으로 내려가게 된 것입니다. 우리는 하나님의 인도하심 가운데도 여전한 인간의 연약함과 하나님의 은혜를 보는 것입니다.

아브라함의 두 번째 이야기는 그가 애굽으로 내려간 이야기입니다. 이는 가나안에서부터 시작하는 그의 믿음의 여정의 첫 번째 이야기가 됩니다.

아브람의 초기 믿음의 여정-성장기
애굽으로 내려감(12장)
롯과의 분가(13장)
멜기세덱과 소돔 왕(14장)
횃불 언약(15장)

가나안 땅에서 아브람은 뜻하지 않은 기근을 맞게 됩니다. 약속의 땅에서 그가 도리어 이와 같은 큰 어려움을 맞게 된 것은 당황스러운 일이며 큰 시험이 아닐 수 없습니다. 믿음의 시작을 한 아브람은 어려운 상황 속에서 기도하며 하나님의 뜻을 구하기보다는 상황과 환경에 의한 선택을 하게 됩니다. 이는 합리적인 선택으로 보일지라도 불신앙적인 선택입니다. 그는 기도하여야 할 기회를 잃고 말았습니다. 특별히 그가 있었던 가나안은 하나님의 약속이 있었던 곳입니다. 하나님께서 약속하셨던 그 땅에서 기근을 맞이함은 하나님의 특별한 뜻이 있음을 물을 수 있어야 했습니다. 그러나 아직 연약했던 아브람은 실패를 통해서 교훈을 얻게 됩니다. 이와 같이 믿음의 사람들은 실패에서 교훈을 얻는

과정을 거치는 것입니다.

은혜는 계속적인 은혜가 아닌 어려움을 가지고 옵니다. 홍해를 건넌 이스라엘은 삼일 만에 마라의 쓴 물을 만났습니다(출 15:22-23). 시내 산을 떠나 하나님의 인도하심을 받은 이스라엘은 도리어 다베라에서 원망하였습니다(민 10:33, 11:1-3). 가나안 땅에서 아브람이 맞은 기근도 이와 같은 과정이 됩니다.

하나님께서는 왜 기근을 허락하십니까? 비록 하나님의 은혜로 부르심을 받았다고 할지라도 하나님의 사람으로 만드시는 과정은 연단과 고난을 수반하는 것입니다.

"내 형제들아 너희가 여러 가지 시험을 당하거든 온전히 기쁘게 여기라 이는 너희 믿음의 시련이 인내를 만들어 내는 줄 너희가 앎이라 인내를 온전히 이루라 이는 너희로 온전하고 구비하여 조금도 부족함이 없게 하려 함이라"(약 1:2-4)

■ 창세기 12장10-20절의 구조적 이해
   창 12:10-13: 아브람의 두려움
   창 12:14-16: 애굽에서의 시련
   창 12:17-20: 하나님의 구원

1. 아브람이 애굽으로 내려가는 과정을 살펴봅시다(10절).

점점 남방으로 내려간(9절) 아브람은 기근이 임하였을 때에 애굽에 우거 하려는 마음을 가졌습니다. 그리고 이러한 마음은 바로 실행에 옮겨져 애굽으로 내려가게 됩니다. 기근은 아브람에게 임한 환경적인 시험입니다. 아브람은 기도해야 할 때에 기도하지 못하였습니다. 만일 아브람이 이러한 기근에도 불구하고 그 땅에 남아 있었다면 우리는 이 말씀 속에서 다시 한번 믿음의 승리를 볼 수 있었을 것입니다. 그러나 아직 아브람은 연약했고 하나님의 말씀과 상관없이 주어진 환경적인 어려움에 의해 애굽으로 내려가게 된 것입니다. 우리는 아브람의 인생에서 믿음의 여정과 과정을 봅니다. 하나님의 은혜 후에 찾아오는 환난 속에서 어떠한 삶의 자세를 갖추어야 하는지를 묵상케 합니다.

가나안 땅에서 맞은 기근에서 시험의 유형을 봅니다. 아브람에게 온 시험의 유형은 바로 경제적인 것이었습니다. 주님께서도 가장 먼저 물질적이며 경제적인 시험을 받으셨습니다. 이 돌들로 떡 덩이가 되게 하라는 것은 바로 이와 같은 유형인 것입니다.

2. 애굽에 가까이 이를 때에 아브람은 무엇을 염려하였습니까?(11-13절)

기근이라는 환경적이며 경제적인 어려움에 맞서 하나님의 은혜를 체험하지 못하고 아브람은 도리어 자신의 목숨을 염려하기에 이릅니다. 200만 명의 사람들을 광야에서 단 하루도 굶기지 않으신 하나님이십니다. 잠시의 기근이 온다고 할지라도 이는 도리어 믿음의 역사와 성숙의 기회가 됨에도 불구하고 애굽으로 내려가던 아브람에게는 새로운 두려움과 염려가 있었습니다. 결국 죄의 뿌리가 되는 이기심으로 아브람은 자신의 생명에 대한 두려움만을 생각하고 아내 사래에게 거짓말을 하게 하였습니다.

"내가 알기에 그대는 아리따운 여인이라 애굽 사람이 그대를 볼 때에 이르기를 이는 그의 아내라 하여 나는 죽이고 그대는 살리리니 원하건대 그대는 나의 누이라 하라 그러면 내가 그대로 말미암아 안전하고 내 목숨이 그대로 말미암아 보존되리라 하니라"(11-13절)

아브람이 그의 아내 사래에게 한 이 한 구절로 우리는 그의 믿음과 신앙의 연약함과 수준을 볼 수 있습니다.

하나님의 은혜를 구하고, 하나님의 뜻을 구하고, 하나님의 도우심을 기다리기보다는 인간적인 판단에 의한 아브람의 여정은 결국 세상적인 근심과 염려, 두려움에 휩싸이며 더 나아가 계속적인 인간적인 방법에 의지할 뿐입니다. 그러나 그의 방법과 선택은 더 큰 문제를 가지고 오게 됩니다.

3. 애굽에서 아브람과 사래는 어떠한 일을 겪게 되었습니까?(14-16절)
아브람이 애굽에 이르렀을 때에 애굽 사람들이 그 여인의 심히 아리따움을 보았고 바로의 대신들도 사래를 보고 바로 앞에서 칭찬하였습니다. 이에 바로는 사래를 바로의 궁으로 취하여 들이고 사래로 인하여 아브람에게 양과 소와 노비와 암수 나귀와 낙타를 주었습니다.

아브람은 자신의 방법으로 어려움을 피할 수 있을 것이라고 생각했지만 도리어 더 큰 불행을 겪었습니다. 자신의 아내를 많은 가축과 바꾸어야 했습니다. 바로는 아브람에게 후대하였지만 아브람은 불행할 수밖에 없었습니다. 이는 하나님을 의지하지 않은 결과입니다.

4. 아브람이 잃은 것과 얻은 것은 무엇입니까?(14-16절)

아브람은 먼저 하나님의 약속의 말씀을 잃었고, 자신을 잃었고, 마지막으로 자신의 사랑하는 아내 사래를 잃었습니다. 이에 반해 그는 바로로부터 양과 소와 노비와 암수 나귀와 낙타를 얻었습니다. 우리는 이 땅에서 우리가 잃은 것과 얻은 것을 살펴야 합니다. 우리는 이 땅에 얻는 것에 우리의 가치를 두어서는 안 될 것입니다. 이 땅에서 얻은 것은 우리들이 잃는 것조차 잊게 만드는 것입니다.

5. 하나님은 누구를 생각하셨습니까?(17절)

하나님께서는 아브람의 아내 사래 일로 바로와 그 집에 큰 재앙을 내리셨습니다. 하나님께서는 아브람에게 복을 약속하셨습니다. 이 복은 은혜로 말미암은 하나님의 약속입니다. 비록 아브람의 연약함으로 애굽에서 수치스러운 부끄러움에 처한 위기 가운데 있었지만 하나님께서는 복된 아브람을 위하여 그에게 은혜를 베푸셨습니다.

6. 바로는 어떻게 행하였습니까?(18-20절)

바로는 아브람을 불러서 말하기를

"네가 어찌하여 나에게 이렇게 행하였느냐 네가 어찌하여 그를 네 아내라고 내게 말하지 아니하였느냐 네가 어찌 그를 누이라 하여 내가 그를 데려다가 아내를 삼게 하였느냐 네 아내가 여기 있으니 이제 데려가라"(창 12:18-19)

라고 말하고 아브람의 아내와 그 모든 소유를 보내었습니다.

바른 믿음으로 서지 못할 때에 아브람은 세상 가운데에서도 부끄러운 자가 되고 말았습니다. 믿음과 신앙의 열매를 맺어야 하며 또한 세상을 복되게 하여야 하는 아브람의 사명은 그의 현실과 너무나도 멀어 보입니다. 그러나 믿음은 바로 이러한 곳에서도 자라게 되는 것입니다.

묵상

01 나의 삶에는 어떠한 어려움이 있습니까? 기근 가운데 바른 처신은 무엇입니까?

02 애굽에서 구원하신 하나님의 은혜는 어떠한 하나님의 은혜입니까?

03 애굽에서 얻은 육축과 은금은 어떠한 의미를 가지고 있습니까?

되새김

인간의 연약함은 인생으로 하여금 물러설 수조차 없는 자리까지 몰고 갑니다. 이제 하나님께서는 우리들로 하여금 더 이상 물러설 수 없고 내려갈 수 없는 그 자리에서 하나님의 은혜를 보이십니다. 하나님의 은혜는 단순히 우리들의 삶의 회복뿐만 아니라 축복을 더하십니다. 그것은 우리들의 상급이 아닌 하나님의 은혜를 기억하게 하시는 것입니다.

PART

15

롯과의 분가
13장1~18절

Key Point

하나님의 은혜는 우리들의 신앙을 이전보다 성숙시키십니다. 애굽 사건을 통해 아브람은
하나님의 은혜를 경험하였고 그 은혜는 아브람의 신앙을 성숙시킵니다. 그는 은과 금을
좇는 삶이 아닌 하나님 자신을 구하는 자였습니다. 우리는 아브람의 신앙 성숙의 아름다
움을 롯과의 분가하는 장면에서 살펴볼 수 있습니다.

본문 이해

하나님의 부르심과 약속 가운데 가나안 땅에 들어온 아브람의 두 번째 이야기는 '롯과의 분가' 이야기입니다.

아브람의 초기 믿음의 여정-성장기
애굽으로 내려감(12장)
롯과의 분가(13장)
멜기세덱과 소돔 왕(14장)
횃불 언약(15장)

가나안에서 기근에 의한 시험은 환경적이며, 경제적인 시험이었습니다. 이제 두 번째 시험은 사람으로부터 오며, 이 시험은 관계적인 시험입니다. 첫 번째 시험에서 넘어졌던 아브람은 두 번째 시험에서는 승리하며 첫 번째 시험의 연약함까지 만회합니다. 단순히 시험에 승리한 모습이 아닌 믿음의 성숙의 모습을 보여주기 때문입니다. 애굽 이전의 아브람의 모습과 애굽 이후의 아브람의 모습은 달랐습니다. 믿음의 여정에 있어서 때때로 이와 같이 연약함과 실패가 우리들의 삶을 더 성숙시킴에 관하여 깨달아야 할 것입니다.

■ 창세기 13장의 구조적 이해

창 13:1-5: 애굽에서 벧엘 이주

창 13:6-7: 아브람과 롯의 가축 목자의 다툼

창 13:8-13: 롯의 분가

창 13:14-18: 하나님의 약속

1. 아브람이 애굽에서 나왔다는 것은 어떠한 의미를 가지고 있습니까? (1절)

아브람이 애굽에서 나왔다는 것은 자신의 연약함을 인해 물러설 수 없는 환난 가운데서 하나님의 손에 의해 구원받았다는 것을 의미하는 것입니다. 하나님께서는 아브람을 애굽에서 건지셨으며, 이스라엘을 애굽에서 건지셨으며, 다윗을 시글락에서 건지셨습니다. 하나님께서는 이처럼 하나님의 은혜로 말미암아 우리들을 모든 어려움 가운데에서 건지시는 하나님이십니다.

2. 아브람이 애굽에서 얻은 것들은 어떠한 의미를 가집니까?(2절)

아브람은 애굽에서 양과 소와 노비와 암수 나귀와 약대를 얻었으며(12장17, 20절) 애굽에서 나올 때에 애굽에서 얻은 것으로 풍성하였습니다. 그러나 이러한 눈에 보이는 것으로 인해 애굽에 내려갔음을 정당화해서도 미화해서도 안될 것입니다. 13장의 사건은 바로 이것을 보이는 것입니다. 애굽에서 얻은 것들은 하나님의 은혜를 다시금 생각하게 하는 것입니다. 하나님의 긍휼과 사랑을 죄로 미화시키고, 정당화해서는 안됩니다. 하나님께서 이삭에게 그랄에서 복을 주심은 그랄에 하나님의 뜻이 있음이 아니었습니다(창 26:12-13). 하나님께서 야곱에게 밧단 아람에서 복을 주심은 밧단 아람에 하나님의 뜻이 있음이 아니었습니다(창 30:43). 그러나 애굽에서 아브람이 복되고, 그랄에서 이삭이 복되고, 밧단 아람에서 야곱이 복됨은 하나님의 사람이 머무는 곳이 복되며(창 30:31), 하나님께서 그들에게 복을 주시기 때문입니다.

3. 애굽에서 올라온 아브람은 어디로 가서 무엇을 하였습니까?(3-4절)

아브람은 애굽에서 나와 계속 위로 올라가(12장9절) 벧엘에 이르며 벧엘과 아이 사이 전에 장막 쳤던 곳에 이르렀습니다. 그곳은 아브람이 이전에 가나안 땅에서 장막을 치고 여호와의 이름을 불렀던 자리였습니다. 아브람이 돌아간 자리는 바로 그가 장막을 치고 여호와의 이름을 불렀던 곳입니다(창 12:8).

4. 아브람의 가축의 목자와 롯의 가축의 목자의 다툼의 원인은 무엇이었습니까?(6-7절)

애굽에서 나올 때에 많은 소유의 넘침과 다시 가나안 땅에서의 풍성함은 결국 그들이 같은 땅에서 함께 거하기에 부족하였습니다. 결국 이러한 소유의 넘침으로 인한 땅의 부족 문제는 아브람의 가축의 목자와 롯의 가축의 목자와의 다툼을 일으켰습니다.

아브람은 처음에는 기근으로 말미암은 어려움을 겪었습니다. 이제 그는 반대로 풍성한 가운데 어려움을 겪게 됩니다. 삶의 문제는 없음 가운데 있지만 더 큰 시련은 있음 가운데 옵니다. 어려움 중에서 서로를 격

려하나 풍성함 가운데에서 분열과 다툼이 있음은 풍성함 가운데 있는 욕심으로 말미암은 것입니다. 욕심과 탐욕은 모든 악의 뿌리가 됩니다.

5. 그 땅에는 누구도 함께 있었습니까?(7절)

아브람의 가축의 목자와 롯의 가축의 목자가 다툴 때에 가나안 사람과 브리스 사람도 그 땅에 거하였습니다. 믿음의 사람들의 다툼을 세상 사람들에게 보이는 것은 참으로 부끄러운 일입니다.

창세기 12장6절에서 가나안 땅에 거주한 가나안 사람들은 믿음의 약속에 대한 도전을 줍니다. 그러나 창세기 13장7절의 가나안 사람과 브리스 사람들은 믿음의 사람들의 다툼을 보며 우리들의 믿음을 부끄럽게 하는 것입니다.

6. 아브람은 어떻게 사태를 해결하였습니까?(8-9절)

아브람은 가축의 목자들을 책망하지 않았습니다. 문제의 원인은 그들에게 있었던 것이 아니기 때문입니다. 아브람은 롯에게 다음과 같이 말하였습니다.

"우리는 한 친족이라 나나 너나 내 목자나 네 목자나 서로 다투게 하지 말자 네 앞에 온 땅이 있지 아니하냐 나를 떠나가라 네가 좌하면 나는 우하고 네가 우하면 나는 좌하리라"(8-9절)

아브람은 땅의 우선권을 먼저 롯에게 주었습니다.

7. 롯이 본 것은 무엇입니까?(10절)

‘롯이 눈을 들어 요단 지역을 바라본즉’ ‘눈’에 대한 언급과 함께 바라보았다는 것은 롯이 본 것에 대한 강조의 표현입니다. 그는 요단 지역을 보며 소알까지 온 땅에 물이 넉넉함을 보았습니다. 성경은 그의 생각까지 우리들에게 밝히고 있습니다. 참으로 하나님은 우리들의 생각까지 감찰하시는 분이십니다. 요단 지역으로부터 소알까지 롯의 눈에 그곳은 여호와의 동산 같고 애굽 땅과 같았습니다. 그러나 성경은 우리들에게 그의 눈의 한계까지 가르쳐 주십니다. 롯의 눈의 한계는 하나님께서 소돔과 고모라를 멸하시는 것을 보지 못하였습니다. 곧 롯의 눈의 한계는 하나님을 의식하지 못함에 있었다는 것입니다. 롯은 아브람과 모든 고난을 함께 했던 사람입니다. 그는 아브람과 함께 믿음의 길을 떠났던 사람입니다. 그러나 그는 하나님을 배우지 못하였으며 벌써 버려야 했던 세상의 눈을 여전히 가지고 있었던 것입니다. 우리는 롯이 본 마지막인 소알에 대해서 잊지 말아야 할 것입니다.

“롯이 소알에 거주하기를 두려워하여 두 딸과 함께 소알에서 나와 산에 올라가 거주하되 그 두 딸과 함께 굴에 거주하였더니”(창 19:30)

그가 아름답게 여겼던 마지막 장소는 그의 삶의 가장 큰 부끄러움의 처소가 되었다는 것을 잊어서는 안 될 것입니다. 이것이 바로 세상적인 눈의 종말입니다. 모든 사람들이 성경에 이러한 종말의 교훈을 받고도 그 길을 떠나지 못함은 같은 종말에 처한 사람들임을 밝히는 것입니다.

8. 롯은 어디를 택하였습니까?(11절)

롯은 요단 온 지역을 택하고 동으로 옮겨갔고 아브람과 롯은 드디어 서로 떠나게 되었습니다. 하나님께서는 이미 아브람에게 너는 너의 고향과 친척 아버지의 집을 떠나라 하셨습니다. 그것은 바로 롯을 포함하는 것입니다. 그러나 아브람은 아버지와 함께 떠남으로 인해 하란에서 오랜 시간 머물러야 했으며 또한 이제 이렇게 롯과 결별하게 되는 것입니다. 하나님의 말씀에 불순종의 결과들에 관해서는 우리는 앞으로 계속 살펴볼 수 있을 것입니다.

롯은 부유하였습니다. 그러나 그는 더 부유하기를 원하였습니다. 그는 믿음의 삶에 대한 관심을 갖지 못하였습니다. 그는 그의 삶에 믿음의 삶의 기준과 원칙을 가지지 못하였습니다. 이러한 여러 가지 이유들로 그는 불신앙적인 선택을 합니다.

9. 롯이 거하게 된 곳을 살펴봅시다(12-13절).

롯은 요단 지역의 도시들에 머물렀으며 그 장막을 옮겨 소돔까지 이르렀습니다. 롯은 믿음의 삶을 살지 못하고 세상 사람들과 섞여 살았습니다. 이것이 바로 믿음이 연약한 자들의 삶입니다. 그 연약함을 벗지 못하는 자들의 삶입니다. 그들의 의로움에도 불구하고, 그리스도로 말미암아 의로움을 덧입고도 벗지 못하는 연약함은 여전히 세상 사람들 속에서 섞여 살기를 좋아한다는 것입니다. 믿음의 결단을 하지 못하고 아브람과 같이 하나님과의 깊은 관계와 배움 속에서 살지 못한다는 것입니다. 롯은 요단 온 들에 비전을 두고 도시들에 머물렀습니다. 그는 마치 예전에 점점 남방으로 향했던 아브람처럼 이제는 악하여 여호와 앞에 큰 죄인이었던 소돔 사람들이 거하는 땅에까지 이르게 된 것입니다.

아브람	롯
"점점 남방으로 옮겨갔더라"(창 12:9)	"요단 온 지역을 택하고… 그 지역의 도시들에 머무르며… 소돔까지 이르렀더라"(창 13:11-12)

10. 롯이 떠난 후에 하나님께서 아브람에게 하신 말씀들을 살펴봅시다 (14-17절).

롯은 스스로가 보았지만 이제 아브람은 스스로가 아닌 하나님께서 그에게 보이시는 것입니다. 그것은 지금 보게 하시는 것이 아닙니다. 말씀에 의지해서 보이시는 것입니다. 그것은 믿음의 눈을 뜨는 것입니다. 현재의 모습이 아닌 장래의 모습입니다. 진실한 것은 현재의 모습이 아닌 장래의 모습인 것입니다.

"너는 눈을 들어 너 있는 곳에서 북쪽과 남쪽 그리고 동쪽과 서쪽을 바라보라 보이는 땅을 내가 너와 네 자손에게 주리니 영원히 이르리라

내가 네 자손이 땅의 티끌 같게 하리니 사람이 땅의 티끌을 능히 셀 수
있을진대 네 자손도 세리라 너는 일어나 그 땅을 종과 횡으로 두루 다녀
보라 내가 그것을 네게 주리라"(14-17절)

11. 아브람이 장막을 옮긴 곳은 어디입니까?(18절)

아브람은 장막을 옮겨 헤브론에 있는 마므레 상수리 수풀에 이르러
거하며 거기서 여호와를 위하여 단을 쌓았습니다.

묵 상

01 내가 하나님의 축복이라고 생각하는 것들은 무엇입니까? 나의 진정한 축복
    과 상급은 무엇입니까?

02 롯의 선택을 통해서 하나님께서 내게 가르쳐주시는 것들은 무엇입니까?

03 하나님께서 내게 약속하시는 것은 무엇입니까? 나는 어떠한 하나님의 약속
    을 붙잡고 있습니까?

되새김

애굽에서 얻은 풍성한 소유는 진정한 하나님의 축복이 아님을 우리는 이 과에서
확인할 수 있습니다. 그것은 하나님의 은혜에 대한 보증일 뿐입니다. 우리는 하
나님의 축복의 한 부스러기를 우리들의 삶의 목적으로 삶아서는 안 될 것입니다.
우리들의 상급은 진실로 때 묻지 않은 하나님의 약속에 있는 것입니다. 이제 우
리들은 이전의 롯의 결정에서 떠나야 할 것입니다. 롯이 떠나야 할 소돔과 고모
라는 그에게 있어 또 다른 갈대아 우르를 의미하는 것입니다.

PART

16

멜기세덱과 소돔 왕
14장 1~24절

Key Point

롯의 분가와 얼마 후에 겪게 된 롯의 재난은 아브람에게 있어 사필귀정으로 여길 수도 있을 것입니다. 하나님의 신실하심을 찬양할 수도 있었을 것입니다. 그러나 아브람은 하나님 앞에서 자신이 행하여야 했던 믿음의 도리를 다 하였습니다. 가인은 그 형제 아벨에 관하여 '내가 내 형제를 지키는 자이니이까'라고 반문하였지만 아브람은 하나님을 경외하는 자로서 형제의 어려움에 어떻게 해야 하는가를 보여주고 있습니다.

하나님의 부르심을 따라 믿음의 여정을 시작한 아브람은 세 가지 시험을 겪습니다. 첫 번째 시험은 약속의 땅 가나안에서 겪은 기근입니다. 약속이 잘못된 것이 아닙니다. 이는 다만 연단이며 시험일 뿐입니다. 하나님의 약속을 굳게 붙잡음이 있어야 하는 것입니다. 두 번째 시험은 롯과의 분가입니다. 이는 환경적이며, 경제적인 시험에 이어 관계적인 시험입니다. 환경적이며 경제적인 시험이 물질적인 시험이라며, 관계적인 시험은 정신적인 시험이 됩니다. 앞선 과에서 살펴보았듯이 경제적이며 물질적인 시험에서 잠시 넘어졌던 아브람은 관계적이며, 정신적인 시험에서 승리하였습니다. 이제 세 번째 아브람의 시험은 보다 영적인 영역에서 이루어집니다.

아브람의 초기 믿음의 여정-성장기
애굽으로 내려감(12장)
롯과의 분가(13장)
멜기세덱과 소돔 왕(14장)
횃불 언약(15장)

창세기 14장의 이야기는 아브람이 롯을 구출하는 이야기로 시작합니다. 그러나 창세기 14장의 마침의 이야기가 더욱 중요합니다. 메시지는 마지막 부분에 있는 것입니다. 아브람은 전리품을 네가 다 가지라

는 소돔 왕의 제의를 거절합니다. 아브람에게 있어 부는 사람으로 말미암은 것이 아닌 하나님께로 말미암은 것이기 때문입니다. 이는 우리들의 섬김에 대하여 가르칩니다. 섬김은 보다 영적인 것입니다. 하나님과 재물을 겸하여 섬길 수 없다고 하였습니다. 오늘 우리는 누구를 섬기는가? 이 과에서 우리는 우리 자신을 돌아볼 수 있는 기회를 가져야 할 것입니다.

■ 창세기 14장의 구조적 이해

　창 14:1-4: 팔레스타인 연합군의 독립선언

　창 14:5-12: 팔레스타인 연합군의 패배

　창 14:13-16: 북방 연합군으로부터 롯을 구출한 아브람

　창 14:17-24: 아브람을 맞이한 멜기세덱과 소돔 왕

1. 팔레스타인에 있었던 전쟁사에 관하여 살펴봅시다(1-14절).

　전쟁 개요:

팔레스타인 5 연합국	동방 4 연합국
소돔 왕 베라 고모라 왕 비르사 아드마 왕 시납 스보임 왕 세메벨 소알 왕 벨라	시날 왕 아므라벨 엘라살 왕 아리옥 엘람 왕 그돌라오멜 고임 왕 디달

팔레스타인 소국들이 12년 동안 그돌라오멜을 섬기다가 13년에 배반하여 14년에 동방 연합국들은

아스드롯 가르나임에서 르바 족속을
함에서 수스 족속을
사웨 기랴다임에서 엠 족속을
그 산 세일에서 호리 족속을 쳐서 광야 근방 엘바란까지 이르렀으며
그들이 돌이켜 엔미스밧 곧 가데스에 이르러 아말렉 족속의 온 땅과 하사손다말에 사는 아모리 족속을 쳤습니다.

마침내 팔레스타인 연합국과 동방 연합국은 싯딤 골짜기(지금의 염해:3절, 8절)에서 접전하였는데 팔레스타인 연합국은 패배하여 달아날 때 역청 구덩이에 많은 군사가 빠지고 산으로 도망하고 소돔과 고모라의 모든 재물과 양식을 빼앗기고 아브람의 조카 롯과 그의 재물까지 노략당하였습니다.

2. 전쟁의 소식을 접한 아브람은 어떻게 처신하였습니까?(13-16절)

도망한 자에 의해서 이 전쟁의 이야기를 접한 아브람에 관하여 성경은 두 가지를 밝히고 있는데 첫째, 그가 히브리 사람이라는 것과 그가 마므레의 상수리 수풀 근처에 거하고 있었다는 것입니다. 그가 히브리 사람임은 조카 롯을 한 형제로 드러내는 것이며 마므레 상수리 수풀은 롯의 잘못된 선택과 그의 배은망덕한 행위를 생각게 하는 것입니다. 그

러나 아브람은 자신의 혈육된 도리를 다하여 조카 롯을 구하기 위하여 집에서 길리고 연습한 자 318명을 거느리고 단까지 쫓아가 밤에 그들을 쳐서 파하고 다메섹 왼편 호바까지 쫓아가서 모든 빼앗겼던 재물과 자기 조카 롯과 그 재물과 또 부녀와 친척을 다 찾아왔습니다.

3. 아브람을 맞이한 두 사람에 관하여 살펴봅시다(17-24절).

　소돔 왕이 사웨 골짜기 곧 왕의 골짜기로 나와 아브람을 영접하였고 지극히 높으신 하나님의 제사장 살렘 왕 멜기세덱이 떡과 포도주를 가지고 나와 아브람을 영접하였습니다. 멜기세덱은 아브람을 축복하되 그에게 복을 내리시는 이가 누구이신지를 명확히 하였습니다. 그는 아브람의 복을 하나님께 빌며 하나님을 높이였습니다. "너희 대적을 네 손에 붙이신 지극히 높으신 하나님을 찬송할지로다"(20절) 이에 아브람은 멜기세덱에게 그 얻은 것에서 십분 일을 주었습니다. 이에 반하여 소돔 왕은 사람은 자신에게 보내고 물품은 아브람이 취하라 하였으나 아브람은 자신의 부가 하나님이 아닌 소돔 왕으로부터 말미암음이라 왜곡되는 것을 원치 않아 자신이 마땅히 누릴 권리를 포기하며

　"천지의 주재이시요 지극히 높으신 하나님 여호와께 내가 손을 들어 맹세하노니 네 말이 내가 아브람으로 치부하게 하였다 할까 하여 네게 속한 것은 실 한 오라기나 들메끈 한 가닥도 내가 가지지 아니하리라 오직 젊은이들이 먹은 것과 나와 동행한 아넬과 에스골과 마므레의 분깃을 제할지니 그들이 그 분깃을 가질 것이니라"(22-24절)

라 하였습니다.

만일 아브람이 소돔 왕 베라의 말대로 전쟁에서 얻은 물건을 차지하였더라면 그는 엄청난 부자가 되었을 것입니다. 단순한 부자가 아닌 상상조차 할 수 없는 부자가 될 수 있었을 것입니다. 그러나 아브람은 이러한 엄청난 기회요 축복(?)을 거절하였습니다. 아브람에게 이는 이전에 롯이 요단 지역을 바라볼 때에 가졌던 위기와 같은 신앙의 위기로 여겼던 것입니다. 아브람은 결코 물질의 많음이 복이 아님을 보이기 위하여 그 제안을 거절하였습니다. 아브람은 자신을 복되게 하는 이가 소돔 왕이 아니라 하나님이심을 보이기 위하여 그 제안을 거절하였습니다.

묵 상

01   형제의 고난에 대한 바른 태도에 관하여 생각해 봅시다.

02   그리스도인으로서의 전쟁에 관한 바른 이해에 관하여 생각해 봅시다.

03   진정한 믿음의 싸움은 무엇입니까? 우리는 하나님의 영광을 위하여 마땅한
      권리를 포기한 적이 있습니까?
      진정한 믿음의 싸움은 전쟁의 마침 후에 있었습니다. 그것은 바로 하나님
      을 높이지 못하고 사람을 높이는 것에 있는 것입니다. 하나님께로부터 말
      미암은 것이 아닌 사람의 상을 구함에 있는 것입니다.

되새김

롯의 사람의 눈에 의한 판단은 결국 그 재물까지 다 노략당함을 살펴봅니다. 그
러나 믿음의 사람은 이와 같은 일에 누군가를 정죄하는 데에 자신의 마음을 빼앗
겨서는 안 될 것입니다. 아브람이 히브리인으로서 자신의 조카를 구하였던 것처
럼 믿음의 도리를 다하여야 할 것이며 자신을 향한 축복은 철저하게 하나님께로
말미암음을 고백할 수 있어야 할 것입니다.

PART

17

횃불 언약
15장1~21절

Key Point

하나님의 영광을 위하여 소돔 왕으로부터 자신의 마땅한 권리를 포기한 아브람에게 하나님께서 주시는 축복된 언약의 말씀입니다. 하나님께서는 자손에 대한 약속, 땅에 대한 약속을 통해 아브람을 통해 이루실 일들을 보이셨습니다. 아브람의 의가 그의 믿음에 있었던 것은 아브람의 의는 자신이 무엇을 하는 의가 아닌 하나님께서 아브람을 통해 하실 일들을 믿는 '하나님의 의'이기 때문입니다.

부르심을 받아 가나안 땅에 들어와 세 가지 시험을 통과한 아브람에게 하나님께서는 '횃불 언약'을 맺으십니다.

아브람의 초기 믿음의 여정-성장기
애굽으로 내려감(12장)
롯과의 분가(13장)
멜기세덱과 소돔 왕(14장)
횃불 언약(15장)

이 언약의 특징은 하나님의 언약으로 일방적인 언약입니다. 하나님의 언약이 일방적으로 이루어짐은 하나님의 구속은 인간의 연약함으로 훼방되지 않으며 하나님의 주도권 가운데 이루어짐을 알게 하십니다. 여자의 후손의 언약(창 3:15)을 통해서 그 언약을 보이신 하나님께서는 아브람을 통해서 하나님의 언약이 예수 그리스도에 의한 새 언약(마 26:26-29)에 이르기까지 계속됨을 보이시는 것입니다.

■ 창세기 15장의 구조적 이해

　창 15:1-6: 후손에 대한 약속

　창 15:7-21: 땅에 대한 약속

1. 하나님은 아브람에게 어떠한 하나님이십니까?(1절)

하나님은 아브람의 방패요, 그의 지극히 큰 상급입니다. 아브람을 동방의 연합국으로부터 지키시고 이기게 하신 분도 하나님이시며 가나안의 낯선 이방인으로서의 그의 삶을 보호하시고 지키시는 분도 하나님이십니다. 또한 그의 상급은 어떠한 이 땅의 풍요로움에 있는 것이 아니라 하나님 자신이 바로 아브람의 상급이었습니다. 이제 하나님을 얻는 자는 그로부터 말미암는 모든 것을 얻는 자가 되는 것입니다. 오직 믿음의 사람들의 참된 만족은 하나님 자신에게 있음을 잊지 말아야 할 것입니다. '여호와는 나의 목자시니 내게 부족함이 없으리로다'(시 23:1)

2. 자손에 대한 약속의 말씀을 살펴봅시다(2-6절).

1) 아브람은 자신의 상속자로 누구를 여겼습니까?(2-3절)

아브람은 하나님께서 그에게 상속자를 주시지 않으셨으므로 다메섹 엘리에셀을 상속자로 여겼으며 자신의 집에서 길리운 자가 자신의 후사가 될 것이라 생각하였습니다.

2) 하나님께서는 어떠한 자가 아브람의 후사가 될 것이라고 말씀하셨습니까?(4절)

하나님께서는 아브람의 몸에서 날 자가 아브람의 후사가 될 것이라고 말씀하셨습니다.

3) 자손에 대한 약속에서 아브람에게 증표로 삼으신 것은 무엇입니

까?

창세기 13장16절의 땅의 티끌 증표에 이어 하나님께서는 아브람을 이끌고 밖으로 나가 하늘의 별들의 증표로 자손의 대한 약속을 다시 한번 확증하십니다. 하나님의 약속은 반복됩니다(12:7; 13:14-16; 15:5). 그것은 우리들의 연약한 믿음을 여러 가지 방편으로 굳게 하시는 것입니다.

4) 아브람의 의는 어떠한 의입니까?(6절)

아브람의 의는 하나님의 말씀을 믿음으로 말미암는 의입니다. 이는 아브람의 의가 사람으로 말미암은 것이 아닌 그를 통해서 행하시고자 하시는 하나님의 뜻에 순종함으로 말미암는 것임을 보이시는 것입니다.

3. 땅에 대한 약속의 말씀을 살펴봅시다(7-21절).

1) 하나님은 아브람에게 어떠한 하나님이십니까?(7절)

하나님은 가나안 땅을 아브람에게 주어 소유로 삼게 하려고 그를 갈대아 우르에서 이끌어 내신 하나님이십니다. 하나님께서는 아브람에게 그의 믿음의 삶의 시작부터 하나님의 계획하심 가운데 있음을 보이시는 것입니다. 우리들의 삶의 의미는 이처럼 하나님의 계획 가운데서 진정한 의미를 찾을 수 있으며 우리가 낙심하지 말 것은 지금도 여전히 우리들은 하나님의 계획 가운데 있다는 것입니다.

2) 땅에 대한 약속의 보증으로 하나님께서 명하신 일은 무엇입니까?(8-10절)

하나님께서는 아브람에게 하나님 자신을 위하여 삼 년 된 암소와 삼 년 된 암염소와 삼 년 된 숫양과 산비둘기와 집비둘기 새끼를 가져오라 하셨습니다. 아브람은 당시의 서약법에 따라 짐승을 쪼개어 마주 대하여 놓았습니다. 그러나 새는 쪼개지 아니하였습니다.

3) 아브람의 일을 방해한 것은 무엇이었습니까?(11절)

솔개가 사체 위에 내릴 때에는 아브람이 쫓았습니다. 곧 이 솔개는 하나님의 일을 대적하는 사탄을 상징하는 것입니다.

4) 하나님께서 이상 중에 아브람의 자손의 장래의 일에 관하여 하신 말씀을 정리하여 봅시다(12-16절).

하나님께서는 아브람에게 장래의 일을 말씀하여 주셨습니다. 이스라엘 자손이 이방에서 객이 되어 그들을 섬기겠고 그들은 400년 동안 이스라엘 자손을 괴롭게 할 것입니다. 그러나 하나님께서 그 섬기는 나라를 징벌하며 이스라엘은 큰 재물을 이끌고 나올 것입니다. 이스라엘 자손이 4대 만에 가나안 땅으로 돌아올 것은 아모리 족속의 죄악이 아직 가득 차지 아니하였기 때문입니다.

이스라엘 자손이 애굽에서 큰 재물을 가지고 나오는 것은 구속의 은혜로 말미암아 성도가 갖게 되는 영예로움을 상징하며 이와 같은 모습은 이미 아브람이 애굽에서 나올 때에 큰 재물을 가지고 나옴으로 해서 살펴볼 수 있는 것입니다. 예수님께서 어린 시절에 애굽에 내려가심은 단순한 생명의 유지의 도피가 아닌 성도의 구속의 여정을 보이신 것입니다. 추가적으로 아모리 족속의 죄악이 특별히 대표적으로 언급됨은 아모리 족속이 당시의 가나안 족속을 대표하는 강력한 족속이었기 때문입니다.

5) 하나님 임재의 두 가지 상징에 관하여 살펴봅시다(17절).
연기 나는 화로와 타는 횃불은 마치 이스라엘을 구름기둥과 불기둥으로 인도하셨던 하나님 임재의 상징입니다. 또한 이와 같은 화로와 횃불은 이스라엘을 고난으로 연단시키시고 훈련시키시는 하나님의 역사와 그들을 모든 어두움 가운데서 밝히시고 인도하시는 하나님의 또 다른 역사의 단면을 보여주시는 것입니다.

6) 하나님께서 아브람과 맺었던 언약의 특징은 무엇입니까?(17-21절)
하나님께서 아브람과 맺었던 언약은 쌍방의 언약이 아닌 일방적인 언약입니다. 쪼개어진 짐승 사이로 지나가신 분은 오직 하나님이심은 하나님께서 이 모든 언약을 이루실 것을 스스로 언약하시는 것입니다. 우리들의 연약함에도 불구하고 하나님께서 우리들을 통해서 이루실 일을 반드시 이루시는 것입니다.

7) 하나님께서 아브람에게 약속한 땅의 경계는 어디까지이며 그 땅에는 어떠한 족속들이 살고 있습니까? (18-21절)

애굽 강에서부터 그 큰 강 유브라데까지 아브람의 자손에게 주시겠다고 약속하셨습니다. 그 땅에는 겐 족속, 그니스 족속, 갓몬 족속, 헷 족속, 브리스 족속, 르바 족속, 아모리 족속, 가나안 족속, 기르가스 족속, 여부스 족속이 살고 있었습니다.

묵 상

01   하나님은 나에게 있어 어떠한 하나님이십니까?

02   믿음으로 말미암는 의는 어떠한 의입니까?

03   하나님께서 내게 보이시는 장래의 일은 무엇입니까?

되새김

아브람의 의가 '믿음으로 난 의' 임은 아브람 가운데 행하시는 이는 하나님이시기 때문입니다. 쪼개어진 짐승 사이로 가신 분이 오직 하나님이심은 이를 확증하는 것입니다. 우리들의 연약함에도 불구하고 하나님께서 우리들을 통해서 이루실 일을 반드시 이루시는 것입니다.

창세기(상)

제4부

족장사 1
아브라함의 생애–믿음의 성숙기
(16–21장)

PART

18

이스마엘의 출생
16장1~16절

Key Point

아브람의 하란에서의 보였던 연약함과 애굽에서 보였던 연약함이 다시 이번 과에서 반복됩니다. 그것은 바로 하나님의 말씀을 온전히 붙들지 못하는 연약함입니다. 하나님의 언약에도 불구하고 아브람은 사람의 방법으로 후사를 얻으려고 합니다. 하나님의 말씀을 떠난 인간의 노력들이 얼마나 일을 그릇치는지에 관하여 보여줍니다. 우리는 하나님께서 주신 비전을 사람의 방법으로 이루려고 해서는 안 될 것입니다.

아브람이 가나안 땅에 거주한 지 10년이 지났습니다. 그의 믿음의 여
정은 이제 믿음의 성장을 지나 성숙으로 나아갈 때입니다. 가나안 땅에
거주한 지 10년이 지난 후로부터 100세에 아들을 낳기까지는 아브람
의 믿음의 여정은 중기/성숙기에 해당합니다. 그러나 그는 가나안 땅
에 들어가자 마다 애굽으로 내려감으로 연약했듯이 하나님의 약속을
기다리지 못하고 사래의 여종 이스마엘을 통하여 아들을 낳는 연약함
을 가지게 됩니다. 인생의 모든 성숙에도 불구하고 여전히 은혜가 필
요한 것입니다.

아브람의 중기 믿음의 여정-성숙기
이스마엘의 출생(16장)
개명과 할례(17장)
아브라함의 중보(18장)
소돔의 멸망(19장)
그랄로 내려감(20장)
이삭의 출생(21장)

기근이라는 '어려움'을 통해서, 롯과의 '관계'를 통해서, 소돔 왕의 '
제안'을 거절함을 통해서 믿음의 성숙함을 이루었던 아브람의 믿음이
갑자기 무너지는 모습을 봅니다. 믿음의 여정은 이전과는 또 다른 과정
을 겪게 되는데 그것은 바로 '인내'입니다. 믿음은 하나님의 약속에 대

한 신뢰이며, 기다림이며 인내입니다. 하나님의 약속에 대한 기다림을 온전히 이루지 못한 자는 결국 인간적인 방법으로 하나님의 일을 대신하려 합니다. 그러나 이러한 수고는 결국 자신에게 더욱 큰 해를 가지고 올 뿐입니다.

■ 창세기 16장의 구조적 이해

창 16:1-6 사래와 하갈의 갈등

창 16:7-14: 여호와의 사자를 만난 하갈

창 16:15-16: 이스마엘의 출생

1. 사래는 아브람에게 어떠한 제안을 합니까?(1-2절)

사래는 자신의 생산치 못함으로 그 여종 애굽 사람 하갈과 아브람이 동침하여 후사를 잇게 하려하였습니다. 이는 마치 하와가 아담에게 잘못된 제안을 하는 것과 같은 것이었습니다. 그들은 한결같이 하나님의 말씀을 온전히 믿지 못하고 왜곡하고 불신하였던 것입니다. 우리는 특별히 사래의 여종이 애굽 사람인 것을 자세히 살펴야 할 것입니다. 그녀는 아마도 아브람이 애굽에서 얻은 사람일 것입니다. 아브람이 애굽 여인을 첩으로 삼은 것은 그가 세상적인 방법으로 타협하였음을 암시하는 것입니다. 아브람은 사래의 말을 듣고 그렇게 하기로 따름으로 하나님의 언약의 말씀을 망각하였습니다.

2. 이 일은 가나안에 있은지 얼마 후의 일입니까?(3절)

사래가 자신의 남편 아브람에게 자신의 여종 하갈을 첩으로 준 때는 가나안에 거한 지 10년 후였습니다. 하나님의 때는 사람의 때와 다름을 기억하며 하나님의 때까지 기다리는 인내가 있어야 합니다.

3. 하갈이 임신함을 깨달은 후 어떠한 일이 있었습니까?(4절)

하갈은 자신이 임신한 것을 깨닫고 그 주인을 멸시하였습니다.

4. 사래는 자신이 받은 모욕에 대하여 무엇이라고 말하였습니까?(5절)

사래는 여종으로부터 받는 모욕은 아브람이 받아야 옳다고 하였습니다. 자신의 여종을 아브람의 첩으로 준 것은 그를 위한 것인데 자신이 오히려 모욕을 받음으로 불평한 것입니다.

처음 사래는 자신이 마치 하나님의 일에 관심을 가지고 있었고 자신을 통해서 이루지 못하는 일을 여종 하갈로 통해서 하나님의 일을 이루려야 하는 듯 하였습니다. 그러나 그녀는 오히려 자신의 행한 일로 통해 복되지 못하였습니다. 그녀는 도리어 여종 하갈에게 멸시를 받았습니다. 우리는 이와 같이 하나님의 말씀에서 어긋나는 인간적인 방법들이 결국 그 자신에게까지 유익을 주지 못함을 주목해야 할 것입니다.

5. 아브람은 어떻게 처신하였습니까? (6절)

아브람은 일의 처리를 자신이 하지 않고 그 책임을 사래에게 떠맡겼습니다. 마치 핑계하던 아담과 하와처럼 아브람은 일의 어긋남에 대한 자신의 책임을 회피하고 있는 것입니다. 그러나 하나님의 말씀을 어긋남에 대한 문제의 해결은 어떠한 처신으로도 해결되지 않음을 살펴야 할 것입니다. 불신앙에 대한 심판은 하나님의 은혜만이 그 해결책인 것입니다.

6. 그 여주인 사래를 멸시한 하갈은 어떻게 되었습니까?(6절)

자신이 임신함을 깨닫고 자신의 위치를 망각하고 여주인 사래를 멸시한 하갈은 오히려 사래의 학대를 받고 사래 앞에서 도망하였습니다.

7. 하나님의 개입하심에 관하여 살펴봅시다(7-12절).

여호와의 사자가 광야의 샘물 곁 곧 술 길 샘 곁에서 하갈을 만나 물었습니다. '사래의 여종 하갈아 네가 어디서 왔으며 어디로 가느냐' 사자의 하갈에 대한 호칭은 그의 삶이 어떠해야 함을 먼저 보여주는 것입니다. 하갈은 대답하였습니다. '나는 내 여주인 사래를 피하여 도망하나이다' 그가 섬겨야 할 대상으로부터 오히려 도망하는 처지가 바로 하갈의 처지였습니다. 자신이 섬겨야 할 대상에 대한 바르지 못한 관계는 결국 이처럼 자신의 처지를 처참하게 만드는 것입니다. 여호와의 사자는 하갈에게 말하였습니다. '네 여주인에게로 돌아가서 그 수하에 복종하라' 섬겨야 할 자가 있는 자는 마땅히 그 섬겨야 할 도리를 다하여야 합니다. 여호와의 사자는 하나님의 명령을 하갈에게 전하였고 그에 대한 축복의 말씀을 하였습니다. '내가 네 씨를 크게 번성하여 그 수가 많아 셀 수 없게 하리라' 하나님은 연약한 여인에게 긍휼하심을 베푸셨습니다. 그것은 사람과는 다른 것이었습니다. 여호와의 사자는 더욱 구체적으로 하갈이 낳을 아들에 관하여 다음과 같이 알게 하셨습니다.

"네가 임신하였은즉 아들을 낳으리니 그 이름을 이스마엘이라 하라 이는 여호와께서 네 고통을 들으셨음이니라 그가 사람 중에 들나귀 같이 되리니 그 손이 모든 사람을 치겠고 모든 사람의 손이 그를 칠지며 그가 모든 형제와 대항해서 살리라"(11-12절)

8. 브엘라해로이에 관하여 살펴봅시다(13-14절).

하갈은 자기에게 이르신 하나님의 이름을 '감찰하시는 하나님'이라 하였습니다. 그러므로 그 샘을 '브엘라해로이'라 불렀으며 그 샘은 가데스와 베렛 사이에 있었습니다.

9. 하갈이 아들을 낳음을 살펴봅시다(15-16절).

하갈이 아브람을 낳아 여호와의 사자의 명대로 그 이름을 이스마엘이라 하였습니다. 하갈이 아브람에게 이스마엘을 낳았을 때에 아브람이 86세였습니다. 곧 아브람은 가나안에 들어온 지 11년에 사래의 여종 하갈에서 이스마엘을 낳았습니다.

묵 상

01 아브람의 문제, 사래의 문제, 하갈의 문제를 각각 나누어 살펴보고 나의 삶
    에 적용하여 봅시다.

02 갈라디아서 4장22-25절을 참고하여 두 언약의 차이는 무엇에 있는지 살
    펴봅시다.

03 하나님께서 이 여종에게 베푸신 긍휼로부터 나는 무슨 교훈을 얻습니까?

되새김

믿음의 삶은 인간적인 방법으로 일구는 것이 아닌 하나님의 약속으로 말미암은
삶입니다. 하나님께서는 이 약속으로 하나님의 계획이신 하나님의 아들 예수 그
리스도를 우리들에게 선물로 주셨으며 그를 믿는 모든 자에게 구원을 약속하신
것입니다. 이제 만약 이 하나님의 약속을 멸시하는 자는 마치 하갈이 그 여주인
을 멸시하는 것과 같은 것입니다. 우리는 이번 과에서 하나님의 긍휼하심을 배
우지만 무엇보다도 하나님의 언약에 기초한 참된 믿음에 대한 교훈을 얻는 것
입니다.

개명과 할례
17장1~27절

Key Point

이미 15장에서 횃불 언약으로 아브람과 언약하신 하나님께서는 아브람의 이스마엘 출생이라는 연약함에도 불구하고 그 언약을 주도적으로 이루십니다. 16장과 17장은 13년의 갭이 있습니다. 오랜 세월에도 하나님의 언약은 변함이 없음으로 그 언약을 할례의 언약으로 재확인하시며, 개명과 할례는 하나님의 언약에 대한 인간의 응답을 요구하시는 것입니다.

17장의 할례는 15장의 '횃불 언약'의 언약의 재확인입니다. 동시에 이는 하나님의 언약에 대한 인간의 응답을 요구하시는 것입니다. 하나님께서는 먼저 아브람을 아브라함으로, 사래를 사라로 개명케 하셨습니다. '존귀한 아버지'는 '열국의 아버지'가 되었고 '영화'(사래)는 '열국의 어머니'가 되었습니다. 하나님께서는 그들을 새로운 존재가 되게 하시며 하나님의 부르심에 응답하는 자가 되게 하시는 것입니다.

아브람의 중기 믿음의 여정-성숙기
이스마엘의 출생(16장)
개명과 할례(17장)
아브라함의 중보(18장)
소돔의 멸망(19장)
그랄로 내려감(20장)
이삭의 출생(21장)

■ 창세기 17장의 구조적 이해

창 17:1-8: 아브람에 대한 약속과 개명

창 17:9-14: 할례의 명령

창 17:15-22: 사래에 대한 약속과 개명

창 17:23-27: 할례를 행함

1. 하나님은 어떠한 하나님으로 아브람에게 나타나셨습니까?(1절)

하나님께서는 아브람의 나이 99세에 전능한 하나님으로 나타나셔서 아브람으로 하여금 하나님께 앞에서 행하여 완전하라 명하셨습니다.

2. 17장에 나타나는 '내 언약'을 살펴봅시다.

17장에는 무려 8번이나 '내 언약'에 관하여 말씀하시고 있습니다(2,4,7,9,10,13,14,19). 이 언약이 하나님의 언약인 것은 이 일을 이루시는 분이 바로 하나님이신 것을 보이시는 것입니다. 아브람의 연약함과 사래의 연약함에도 불구하고 하나님의 언약이 폐하지 않음은 그 일이 연약한 인생에 기인하지 않은 하나님의 은혜이기 때문입니다.

3. 아브람과 사래의 개명에 관하여 살펴봅시다(5,15절).

하나님께서는 아브람으로 '열국의 아버지'의 뜻인 '아브라함'으로 사래로 '열국의 어머니'를 뜻하는 '사라'가 되게 하셨습니다. 그것은 지금의 이름이 아닌 그들을 통해 하나님께서 이루실 일들을 그들의 이름을 통해서 보이시는 것입니다.

4. 언약의 표징으로 행하여진 것은 무엇입니까?(10-14절)

하나님께서는 이 언약의 표징으로 남자는 다 할례를 받게 하셨습니다. 대대로 남자는 집에서 난 자나 혹 이방 사람에게서 돈으로 산 자를 무론하고 난 지 팔일 만에 할례를 행하게 하셨습니다. 특별히 돈으로 산 이방 사람에게까지 할례를 행하게 하심은 천하 만민에게 향한 복음의 예표적인 모습을 보여주시는 것입니다. 할례를 받지 아니하는 자는 백성 중에서 끊김을 당하였는데 이는 할례를 통해서 언약하시는 바 그리스도의 보혈의 구속의 은혜를 저버리는 자에 대한 심판을 예표하는 것입니다.

5. 아브라함의 웃음은 무엇을 의미합니까?(17-18절)

하나님은 아브라함에게 전능하신 하나님으로 계시하셨습니다. 그분의 행하시는 일은 참으로 인간의 한계를 초월하시는 것입니다. 그러나 아브라함은 이러한 하나님의 언약을 온전히 믿지 못하고 그만 웃고 말았습니다.

6. 하나님께서는 이스마엘과 이삭에 관하여 어떻게 말씀하셨습니까?(20-21절)

아브라함의 웃음과 그의 간구를 들으시고 하나님께서는 이스마엘에 대해서는 그에게 복을 주어 매우 크게 생육하고 번성하게 하셨으며 열두 두령을 낳는 큰 나라가 되게 하셨습니다. 이삭에 대해서는 그가 태어날 정확한 기한을 말씀하셨습니다.

7. 아브라함이 하나님의 말씀을 따라 행한 것을 살펴봅시다(23-27절).

아브라함은 말씀을 따라 자신의 나이 99세, 이스마엘의 나이 13세에 집에서 태어난 자와 돈으로 산 모든 자 곧 아브라함의 집 사람 중 모든 남자를 데려다가 할례를 행하였습니다.

묵상

01   내게 행하시는 하나님의 일은 무엇입니까?

02   나는 하나님의 말씀에 웃었던 경험은 가지고 있지 않습니까?

03   하나님의 말씀을 순종했던 나의 삶의 모습을 기억하여 봅시다.

되새김

하나님의 일은 우리들에 의해 제한을 받지 않습니다. 비록 우리들 가운데 연약함은 있지만 불신앙을 가지지 않도록 하여야 할 것입니다. 비록 아브라함은 하나님의 말씀에 웃었지만 하나님의 인도하심을 받는 자였으며 하나님의 말씀에 순종하는 사람이었습니다. 결국 하나님께서는 이러한 아브라함과 사라를 통해 하나님의 일을 성취해 나가시는 것입니다.

PART

20

아브라함의 중보
18장1~33절

Key Point

이번 과는 여호와의 방문과 아브라함의 중보로 나누어져 있습니다. 하나님의 방문은 아브
라함에게 주신 축복을 확증하십니다. 그러나 아브라함은 자신의 축복에만 몰입하고 안주
하는 것이 아니라 하나님의 심판의 도성을 위하여 중보합니다. 믿음의 사람은 자신의 축
복만을 누리는 자가 아닌 누군가를 위하여 중보할 수 있는 사람입니다.

본문 이해

세 사람의 방문은 두 가지 소식을 전합니다. 하나는 기쁘고 즐거운 좋은 소식이고 다른 하나는 슬프고 두려운 소식입니다. 아브라함은 세 사람의 방문으로 말미암아 기다렸던 자녀에 대한 확증의 약속을 받게 됩니다. 그러나 동시에 아브라함은 롯이 거하고 있는 소돔과 고모라의 멸망에 관한 말씀을 듣게 됩니다.

기도자에게는 특권이 있습니다. 이는 먼저 알게 되고 깨닫는 특권입니다. 하나님께서 이처럼 기도자에게 먼저 아는 특권을 주신 것은 특권을 위한 것이 아닌 중보하게 하시기 위함입니다. 하나님께서는 아브라함으로 하여금 갈 바를 알지 못하게 떠나게 하셨지만 그에게 항상 알지 못하게 하신 것이 아니라 오히려 더 많은 것을 알게 하셨습니다. 그는 소돔과 고모라의 멸망을 먼저 알았고, 또한 그는 400년 후에 모세 때에 일어날 일들까지 이미 알고 있었던 것입니다. 우리는 이번 과에서 중보자 아브라함의 모습을 통해서 믿음의 진면모를 보게 될 것입니다.

아브람의 중기 믿음의 여정-성숙기
이스마엘의 출생(16장)
개명과 할례(17장)
아브라함의 중보(18장)
소돔의 멸망(19장)
그랄로 내려감(20장)
이삭의 출생(21장)

■ 창세기 18장의 구조적 이해

창 18:1-15: 세 사람의 방문

창 18:16-33: 소돔 성에 대한 아브라함의 중보

1. 하나님께서 아브라함의 방문을 살펴봅시다(1-15절).

1) 아브라함은 어디에 있었습니까?(1절)

여호와께서 '마므레의 상수리나무들이 있는 곳'에서 아브라함에게 나타나셨습니다.

2) 아브라함이 영접한 사람은 몇 사람입니까?(2절)

세 사람

3) 아브라함은 무엇으로 대접하였습니까?(6-8절)

고운 가루 세 스아로 만든 떡, 엉긴 젖, 우유, 송아지

4) 사라가 웃은 까닭은 무엇입니까?

아브라함과 사라가 나이 많아 늙었고 더욱이 사라는 생리가 끊어졌음에도 불구하고 그에게 아들이 있을 것이라는 말씀을 주셨으므로

5) 사라가 자신의 웃었음을 시인치 않는 까닭은 무엇입니까?

두려웠기 때문에

2. 아브라함에게 하신 두 가지 말씀은 무엇입니까?(16-21절)

첫째, 아브라함에게 대한 축복의 말씀입니다.

"아브라함은 강대한 나라가 되고 천하 만민은 그로 말미암아 복을 받게 될 것이 아니냐 내가 그로 그 자식과 권속에게 명하여 여호와의 도를 지켜 의와 공도를 행하게 하려고 그를 택하였나니 이는 나 여호와가 아브라함에게 대하여 말한 일을 이루려 함이니라"(창 18:18-19)

둘째, 소돔과 고모라의 심판의 말씀입니다.

"여호와께서 또 이르시되 소돔과 고모라에 대한 부르짖음이 크고 그 죄악이 심히 무거우니 내가 이제 내려가서 그 모든 행한 것이 과연 내게 들린 부르짖음과 같은지 그렇지 않은지 내가 보고 알려 하노라"(창 18:20-21)

3. 아브라함의 중보에 관하여 살펴봅시다(22-33절).

1) 아브라함의 중보의 근거는 무엇이었습니까?(25절)

의인과 악인을 함께 죽이심과 의인과 악인을 같이 하심은 결국 세상을 심판하시는 이의 정의에 맞지 않기 때문에.

2) 아브라함은 소돔성을 위하여 중보하며 의인 몇 명까지를 염두하였습니까?

의인 50, 45, 40, 30, 20, 10명, 아브라함은 소돔을 위하여 6번의 중보를 간구하였으며 최후로 의인 10명을 염두하였습니다. 이전의 아브라함은 애굽의 사람들을 두려워함으로 자신의 아내를 누이라고 하였던 자였습니다. 그러나 아브라함은 어느 순간 담대한 사람으로 변화되었습니다. 전혀 온유하지 않았던 모세가 어느 순간 지면의 모든 사람보다 더 온유하여진 바와 같이(민 12:3) 비겁하고 비굴했던 아브라함은 그 부끄러움의 굴레를 벗고 새롭게 태어난 자와 같았습니다. 그가 하나님 앞에 6번이나 중보하였다는 것은 참으로 생명을 건 중보를 하였음을 알게 하시는 것입니다. 아브라함은 날마다 날마다 변화하였습니다. 그리고 우리가 잘 아는 창세기 22장의 모습을 곧 보게 되는 것입니다.

3) 아브라함은 누구를 위하여 소돔 땅을 위하여 간구하였습니까?

아브라함은 조카 롯을 생각하여 소돔 땅을 위하여 중보하였습니다. 사실 조카 롯은 아브라함에게 자식과 같은 자였습니다. 아직 자식이 없었으며, 다메섹 엘리에셀을 상속자로 여겼던 아브라함에게 조카 롯은 더욱더 자식과 같은 존재였습니다. 그러나 지금 그는 멸망의 도성 소돔 성에 있는 것입니다.

아브라함은 넓은 마음의 사람이었습니다. 그는 조카 롯을 향한 넓은 마음을 가지고 있었습니다. 그는 자신만을 위한 삶이 아니었습니다. 그는 처음부터 하나님의 놀라운 축복의 통로의 삶으로 부르심을 받았습니다. 너를 축복하는 자에게는 내게 복을 내리고 너를 저주하는 자에게는 내가 저주하리니 땅의 모든 족속이 너로 말미암아 복을 얻을 것이니라고 하셨을 때에 아브라함은 참으로 축복의 통로로서 조카 롯을 위하여 기도하였던 것입니다. 조카 롯을 향한 아브라함의 섭섭함이 있었다면 그것은 우리들의 생각일 뿐 성경은 끝까지 조카 롯을 사랑하는 아브라함의 모습을 보여줍니다.

묵상

01   나는 하나님께 무엇을 구하고 있습니까?
    "여호와께 능치 못한 일이 있겠느냐"(18:14)

02   하나님께서는 내게 무엇을 말씀하십니까?
    "나의 하려는 것을 아브라함에게 숨기겠느냐"(18:17)

03   아브라함의 중보가 주는 교훈에 관하여 나누어 봅시다.

되새김

약속의 땅에 머물러 있었던 아브라함은 하나님의 축복을 약속받았으나 눈에 보이는 아름다움을 좇아 산 롯은 소돔성의 멸망과 함께 심판이 예고되고 있습니다. 믿음의 삶은 하나님의 약속된 축복을 기다리고 고대하며 결국 취하는 사람일 뿐만 아니라 멸망 가운데 있는 이 세대를 위하여 중보하는 사람입니다.

PART

21

소돔과 고모라의 멸망
19장1~38절

Key Point

여호와의 사자의 소돔 방문은 그 도성의 심판을 예고함이 목적이 아닌 롯의 구출과 소돔 성의 멸망을 위한 것입니다. 하나님의 심판은 때때로 예고함으로 다가오지만 때때로는 예고 없이 내려지는 것입니다. 눈에 보이는 아름다움을 좇아 행하였던 롯의 마지막 모습을 살펴보며 우리는 참으로 믿음의 경종을 울려야 할 것입니다.

롯이 거하였던 소돔 성과 요나의 니느웨를 비교하여 보아야 합니다. 우리는 이 땅에서 하나님을 찾지도 못하고, 하나님께 예배드리지도 못한다면 이곳은 곧 소돔 도성이 되는 것입니다. 요나가 니느웨 성에 들어갔을 때에 그 성이 소돔 성과 같을지라도 그곳은 요나에게 있어 롯이 거하였던 소돔 성과 다른 의미가 있는 곳입니다. 그곳은 하나님께서 요나를 보내신 곳입니다. 그러나 롯의 소돔성은 자신이 선택한 곳입니다. 요나는 그곳에 전도를 위하여, 선교를 위하여 그곳에 갔습니다. 그러나 롯은 그 성에 안주하기 위해서 거하였던 것입니다. 요나는 언제든 그 성에서 나올 수 있었습니다. 그는 자유인이었습니다. 그러나 롯은 이미 소돔 성에 메인 사람이었습니다. 그는 그곳이 죄악의 도성인 것을 알았지만, 그곳에서 믿음의 신음을 함에도 불구하고 그곳을 떠나지 못하고 있었던 것입니다.

아브람의 중기 믿음의 여정-성숙기
이스마엘의 출생(16장)
개명과 할례(17장)
아브라함의 중보(18장)
소돔의 멸망(19장)
그랄로 내려감(20장)
이삭의 출생(21장)

■ 창세기 19장의 구조적 이해

　창 19:1-11: 소돔의 죄악

　창 19:12-29: 소돔의 심판

　창 19:30-38: 롯과 두 딸

1. 롯이 두 천사를 영접한 때와 대접한 것은 무엇입니까?(1-3절)

　롯은 날이 저물 때에 두 천사를 영접하였고 그들에게 무교병으로 대접하였습니다. '날이 뜨거울 때에'(창 18:1) 아브라함을 방문하였음은 아브라함의 방문과 롯의 방문이 한 날에 이루어졌음을 알 수 있게 합니다.

2. 소돔 성 사람들의 악행에 관하여 살펴봅시다(4-11절).

　창 19:4-11 참고

3. 어디까지가 구원의 대상이었습니까?

　천사는 롯에게 '네게 속한 자'를 다 성 밖으로 이끌어내라 하였습니다. 롯에게 구원의 대상은 롯에게 속한 모든 사람이었습니다. 언제나 하나님께서는 우리와 우리에게 속한 모든 자가 구원을 받기를 원하십니다.

4. 롯을 주변으로 한 사람들에 관하여 살펴봅시다(12-38절).

　1) 롯의 사위들:

소돔과 고모라 성의 멸망에 대한 롯의 말에 롯의 딸들과 결혼할 사위들은 농담으로 여겼습니다. 롯은 그의 사위들에게 권위 있는 사람이 되지 못하였습니다. 롯은 하나님의 사람으로서 그의 자녀들을 믿음의 사람들과 결혼하게 하여야 할 책임이 있었습니다. 그러나 세상 사람들과 정혼케 한 롯은 결국 그 사위들에게까지 우습게 된 사람이 되고 만 것입니다.

2) 롯 자신

롯은 멸망의 날까지 지체하였으며, 하나님의 은혜를 바라보지 못하고 자신의 연약함에 기인하여 호소하였습니다. 하나님의 은혜는 우리가 거하는 곳까지 미치는 것입니다. 그러나 롯은 끝까지 지체하였으며 자신의 연약함에 기인하여 호소하고 있는 것입니다.

3) 롯의 처

롯의 처는 천사의 말을 어기고 뒤를 돌아봄으로 소금 기둥이 되었습니다. 뒤를 돌아본다는 것은 그 마음에 여전히 세상이 자리 잡고 있음을 뜻하는 것입니다. 멸망의 날까지 그 미련을 세상에 두는 영적인 우둔함을 우리들에게 보여 주시는 것입니다.

"롯의 처를 기억하라"(눅 17:32)

4) 롯의 딸들

롯의 딸들은 멸망의 도성에서 나왔음에도 불구하고 여전히 세상적인 가치관을 가졌습니다. 그들은 세상의 도리를 좇기 위하여 결국 하나님의 섭리를 저버리고 아버지와 함께 동침함으로 근친상간의 죄를 저지르고 말았습니다.

5) 롯의 후예
롯의 딸들로 말미암은 모압 족속과 암몬 족속은 이스라엘 역사의 올무와 훼방이 된 적대 민족이 되었습니다.

5. 이러한 롯을 하나님께서 구원하신 이유는 무엇입니까?(27-28절)
"무법한 자들의 음란한 행실로 말미암아 고통 당하는 의로운 롯을 건지셨으니"(벧후 2:7)

하나님께서 천사들을 소돔에 보내심은 롯을 구원케 하시기 위함이었습니다. 하나님께서 롯을 구하심은 그도 하나님의 자녀이기 때문입니다. 그의 모든 연약함에도 불구하고 끝까지 사랑하시는 하나님의 신실하심을 보여줍니다. 또한 이처럼 하나님께서 행하심은 아브라함을 생각하사 그를 위하여 롯을 구원하신 것입니다(창 19:29).

소돔과 고모라의 심판과 더불어 우리들이 기억해야 할 것은 소돔과 고모라 성의 멸망에도 불구하고 아브라함이 거하는 곳은 안전하였다는 것입니다. 세상의 심판 중에서 의인에게는 이처럼 하나님의 은혜가 임하는 것입니다.

묵상

01 내게 속한 사람들은 누구입니까? 내게 속한 사람들은 어떠한 축복 가운데 있습니까?

02 하나님의 심판의 다양성을 생각하여 봅시다.

03 롯의 여정을 살펴봅시다. 롯의 인생은 우리에게 어떠한 교훈을 남겨 줍니까?

되새김

아브라함에게 속한 사람 롯은 구원함을 받았지만 롯에게 속한 사람들의 종말은 롯 자신을 더욱 초라하게 만듭니다. 결국 한 사람의 믿음의 사람이 바로 섬이 얼마나 중요한가를 이 과에서 살펴볼 수 있습니다. 또한 롯의 마지막 모습은 나태한 신앙인의 종말에 관하여 우리들에게 보여 주십니다. 이 롯의 종말을 바라보며 믿음의 경종을 울려야 하는 것입니다.

아브라함의 그랄 이주
20장1~18절

Key Point

아브라함의 애굽에서 보였던 연약함은 20년이 흐른 뒤에 그랄에서 반복됩니다. 이는 인간의 연약함과 죄라고 하는 것이 얼마나 인생을 오랫동안 붙잡고 있는지를 보여주는 것입니다. 아브라함은 약속된 땅에서 머물지 못하고 그랄 땅으로 향하였으며 자신과 함께 하신 하나님보다는 하나님을 두려워함이 없는 이민족을 더 두려워하였습니다. 우리는 하나님을 두려워하지만 아브라함과 같은 연약함을 가지고 있는 것입니다.

본문 이해

앞선 창세기 12장에서 기근에 의해서 애굽에 내려가 자신의 아내를 누이라고 하였던 아브라함은 창세기 20장에서 이 죄를 반복하여 그랄로 내려가 그의 아내를 누이라고 합니다. 바뀐 것은 애굽에서 그랄로, 바로에서 아비멜렉으로 바뀌었을 뿐 동일한 죄악의 반복입니다. 심각한 것은 창세기 12장에서 그의 이름은 '아브람'이었지만 창세기 20장에서 그의 이름은 '아브라함'이었습니다. 창세기 12장은 믿음의 시작으로 연약하였지만 창세기 20장에서는 롯을 위하여 소돔 성을 위하여 중보 할 만큼 성숙한 믿음의 사람이었습니다. 그러므로 그의 죄는 더욱 심각하게 받아들여지는 것입니다. 다윗이 우리아의 아내 밧세바를 취한 때가 결코 그가 미약하고, 미숙할 때가 아님은 죄란 결코 안전지대가 없는 경계해야 할 바임을 알게 하십니다.

더 나아가 아브라함의 그랄에서 죄의 반복은 애굽에서 건지심이 하나님의 은혜였던 바와 마찬가지로 인생은 여전히 은혜를 필요로 하며 하나님의 약속과 성취는 인간에 의한 것이 아닌 하나님의 은혜임을 다시금 확인하게 하십니다. 하나님의 구속의 역사는 하나님에 의한 역사이며 그의 긍휼과 사랑으로 말미암은 것입니다.

아브람의 중기 믿음의 여정-성숙기
이스마엘의 출생(16장)
개명과 할례(17장)
아브라함의 중보(18장)
소돔의 멸망(19장)
그랄로 내려감(20장)
이삭의 출생(21장)

■ 창세기 20장의 구조적 이해

　창 20:1-2: 아브라함의 그랄 이주

　창 20:3-7: 아비멜렉에 대한 하나님의 경고

　창 20:8-18: 아비멜렉이 사라를 돌려보냄

1. 아브라함의 이주에 관하여 살펴봅시다(1절).

　아브라함은 약속의 땅 가나안 헤브론에 있는 마므레 상수레 수풀에서 남방으로 이사하여 가데스와 술 사이 그랄에 우거하였습니다. 이러한 장소적인 이주는 중요한 메시지를 담고 있습니다. 곧 20년 전에 점점 남방으로 향하였다가(창 12:9) 기근으로 인해 애굽으로 내려갔던 것처럼(창 12:10) 아브라함은 약속의 땅에 머물지 못하고 그랄에 내려감으로 위기 가운데 넘어집니다. 이는 소돔과 고모라의 멸망 이후 롯의 일로 아브라함의 마음의 상심함으로 말미암는지, 헤브론 지역으로 침입한 헷 족속으로 말미암은 것인지 성경은 뚜렷한 이유에 관하여 명확하게 말씀하시지 않습니다.

2. 그랄 왕 아비멜렉이 사라를 데려간 이유는 무엇입니까?(2절)

아브라함은 이전에 애굽에서와 마찬가지로 그의 아내 사라를 자기 누이라 하였습니다. 이에 그랄 왕 아비멜렉은 사람을 보내어 사라를 데려갔습니다.

3. 아비멜렉의 꿈을 살펴봅시다(3-7절).

1) 하나님의 경고

"네가 데려간 이 여인으로 말미암아 네가 죽으리니 그는 남편이 있는 여자임이라"(3절)

2) 아비멜렉의 변명

"주여 주께서 의로운 백성도 멸하시나이까 그가 나에게 이는 내 누이라고 하지 아니하였나이까 그 여인도 그는 내 오라비라 하였사오니 나는 온전한 마음과 깨끗한 손으로 이렇게 하였나이다"(4-5절)

3) 하나님의 응답

"네가 온전한 마음으로 이렇게 한 줄을 나도 알았으므로 너를 막아 내게 범죄하지 아니하게 하였나니 여인에게 가까이 하지 못하게 함이 이 때문이니라"(6절)

4) 하나님의 지시

"이제 그 사람의 아내를 돌려보내라 그는 선지자라 그가 너를 위하여

기도하리니 네가 살려니와 네가 돌려보내지 아니하면 너와 네게 속한 자가 다 반드시 죽을 줄 알지니라"(7절)

4. 12장의 사건과 20장의 사건을 비교하여 봅시다.

구분	창 12:10-20	창 20:1-18
내려간 시기	75세 때 (헤브론 정착 전)	99세 때 (헤브론 정착 후)
내려간 이유	기근	?
내려간 장소	애굽	블레셋 땅 그랄
관련된 왕	바로	아비멜렉
하나님의 계시	재앙	꿈
하나님의 징계	재앙	불임

5. 아브라함이 그 아내에게 자신을 오라비라 부르게 한 이유는 무엇이었습니까?(8-13절)

사라는 아브라함의 이복누이이기도 하였지만 보다 근본적으로 아브라함은 하나님을 두려워함이 없는 이민족 땅에서 자신의 생명이 그 아내를 통해서 위험에 처할 수 있음을 통해서 그의 아내에게 자신을 오라비라 부르게 하였습니다. 결국 이러한 아브라함의 신앙은 하나님보다는 이민족을 더 두려워하는 신앙의 오류를 낳게 됩니다. 그는 하나님보다는 세상을 더 두려워한 사람이 되었습니다.

6. 아브라함의 반복되는 실수는 어떠한 교훈을 남깁니까?

첫째, 아브라함의 두 번의 반복된 같은 실수는 인간의 연약함과 죄의 영향력이 얼마나 오랫동안 지속되는지에 관하여 보여주고 있는 것입니다. 시간상으로는 20년이 흘렸지만 아브라함은 같은 실수를 반복하였습니다. 둘째, 우리 인생은 얼마나 하나님 앞에 연약한 지를 보여줍니다. 오랜 세월이 흘렸지만 아브라함은 자신의 연약한 신앙을 드러내고 말았던 것입니다. 셋째, 어떠한 계기의 사건 이전에 아브라함이 약속의 땅을 이탈하였음에서부터 문제는 발단됩니다. 곧 하나님의 말씀을 굳게 붙잡지 못함으로 그의 마음에 두려움이 들어가게 된 것입니다. 모든 문제의 발단은 우리가 하나님의 말씀 위에 굳게 서지 못함으로 말미암는 것입니다.

7. 아비멜렉은 일의 마무리를 어떻게 하였습니까?(14-16절)

아비멜렉은 양과 소와 종들을 이끌어 아브라함에게 주고 그 아내 사라도 돌려보내었습니다. 아비멜렉은 아브라함에게 '내 땅이 네 앞에 있으니 네가 보기에 좋은 대로 거주하라'고 하였으며 아브라함에게 은 천개를 주어 사라와 함께한 여러 사람 앞에서 사라의 수치를 가리게 하였습니다.

8. 아브라함의 아비멜렉을 위한 기도를 살펴봅시다(17-18절).

하나님께서는 아브라함의 아내 사라의 연고로 아비멜렉의 집 모든 태를 닫으셨으나 아브라함이 아비멜렉을 위하여 기도하매 아비멜렉과 그 아내와 여종을 치료하사 출산케 하셨습니다.

묵상

01 아브라함의 진정한 문제는 어디로부터 시작되고 있습니까? 나의 삶의 진정한 문제는 무엇입니까?

02 나의 삶에 반복되는 죄악의 이유는 무엇입니까?

03 하나님을 두려워하지 않는 세상 속에서 믿음의 사람들의 삶의 가치관은 어떠해야 합니까?

되새김

이삭의 출생 앞두고 성경은 아브라함의 연약한 신앙을 보여줍니다. 곧 하나님의 약속을 성취하시는 것은 사람으로 말미암은 것이 아니라 절대적인 하나님의 주권적인 축복으로 말미암은 것입니다. 우리는 우리의 연약함까지도 하나님 앞에 내어 놓을 수 있어야 할 것입니다. 연약함은 반복되지만 여전히 하나님께서는 믿음의 사람들을 굳게 붙잡아 주시는 것입니다.

이삭의 출생
21장1~21절

Key Point

이삭의 출생은 갈대아 우르로부터 아브라함을 인도하시며 말씀하셨던 하나님의 언약의 성취입니다. 그러나 이삭의 출생은 하나님의 언약을 위한 보증이지 이삭의 출생 자체가 참된 하나님의 언약의 성취는 아닙니다. 씨에 대한 하나님의 언약은 장차 오실 예수 그리스도를 예표하는 가운데 이삭의 출생으로 확증되는 것입니다. 인간의 모든 수단과 방법의 실패 이후에, 인간의 연약함에도 불구하고 이루시는 하나님의 언약의 성취는 이 모든 일이 하나님으로부터 말미암음을 우리들에게 보이시는 것입니다.

애굽에 내려간 아브라함에게 도리어 은과 금이 풍성케 하셨던 하나님께서는 그랄에 내려갔었던 아브라함에게 여전히 은혜를 베푸시어 하나님의 언약을 마침내 성취하십니다. 이삭의 출생은 오랜 하나님의 언약에 대한 성취입니다. 하나님은 그 약속에 신실하시며, 노년에 이미 출산이 불가능한 자로 하여금 아이를 낳게 하심으로 하나님의 전능하심을 나타내셨습니다. 모세가 40세가 아닌 80세에 쓰임을 받은 바와 같이 하나님께서는 그분의 뜻을 그분의 때에 이루십니다. 자신의 시간표가 아닌, 이 세상의 시간표가 아닌 하나님의 시간표가 있음을 알고 하나님의 때를 기다릴 줄 아는 것이 바로 믿음입니다.

아브람의 중기 믿음의 여정-성숙기
이스마엘의 출생(16장)
개명과 할례(17장)
아브라함의 중보(18장)
소돔의 멸망(19장)
그랄로 내려감(20장)
이삭의 출생(21장)

■ 창세기 21장의 구조적 이해

창 21:1-7: 이삭의 출생

창 21:8-21: 하갈과 이스마엘의 추방

창 21:22-34: 아브라함과 아비멜렉의 계약

1. 하나님께서 사라를 돌보심과 행하심은 무엇을 따른 것입니까?(1절)

1절에는 두 번씩이나 반복적으로 '말씀하신 대로'라는 표현을 쓰고 있습니다. 하나님께서 사라를 돌보심과 사라에게 행하심은 사람으로 말미암은 일이 아니라 하나님께서 하셨던 말씀으로 말미암은, 곧 하나님 자신으로 말미암은 일입니다.

2. 이삭의 출생과 예수 그리스도의 출생에 관하여 비교하여 봅시다.

18장14절에서 '여호와께 능하지 못한 일이 있겠느냐'고 말씀하신 하나님께서는 늙은 아브라함과 이미 생리가 끊어진 사라에게서 이삭이 낳게 하셨습니다. 이는 처녀가 잉태하여 아들을 낳는 일의 하나의 예표적인 일이 되는 것입니다. 하나님께서는 이삭을 통해서는 노년에 이미 생리가 끊어진 자에게서 아들을 낳게 하심을 보이셨고, 예수 그리스도는 처녀의 몸을 통해서 아들을 낳게 하심을 보이셨습니다.

3. 이삭의 젖을 떼는 날에 아브라함이 베푼 큰 잔치에서 사라는 무엇을 보았습니까?(8-9절)

아브라함의 아들, 애굽 여인 하갈의 소생이 이삭을 희롱하는 것을 보았습니다.

4. 사라는 아브라함에게 무엇을 요구하였습니까?(9-10절)

여종과 그 아들을 내쫓으라 하였습니다. 이 종의 아들은 내 아들 이삭과 함께 기업을 얻지 못할 것이라 하였습니다.

5. 아들로 인해 근심하는 아브라함에게 하신 하나님의 말씀을 살펴봅시다 (11-13절).

하나님께서는 아브라함에게 아들과 여종을 위하여 근심하지 말라 하였습니다. 하나님의 약속은 분명하게 여종의 아들이 아닌 사라를 통해서 이루어질 것이기 때문입니다. 그것은 하나님의 약속이 사라에게 있기 때문입니다. 이 씨에 관하여, 우리는 단순한 종족의 번성이 아닌 예수 그리스도를 향한 언약임을 알아야 합니다. 하나님의 언약의 성취는 육에 속한 것이 아니라 하나님의 약속의 말씀에 기인한 것입니다.

6. 하갈과 이스마엘이 쫓겨남을 살펴봅시다(14절).

아브라함은 아침 일찍 일어나 떡과 물 한 가죽 부대를 취하여 하갈의 어깨에 메워주고 그 자식을 이끌고 가게 합니다. 아브라함이 아침 일찍 일어나는 것은 그의 신앙의 결단 있는 모습을 보여줍니다(창 22:3). 이는 육에 속한 율법과 영에 속한 은혜의 대치됨을 보여주며 이러한 대치됨에서 어떠한 것을 선택해야 하는가를 교훈하시는 것입니다. 육에 속한 것은 잠시 영에 속한 것을 핍박하나 결국 육에 속한 자는 영에 속한 자에 의해 쫓기게 되는 것입니다.

7. 쫓김 당한 하갈과 이스마엘은 어떠한 어려움 가운데 건짐을 받았습니까? (14-19절)

쫓김을 당한 하갈과 그 아들 이스마엘은 브엘세바에서 방황을 하다가 가죽 부대의 물이 다하게 되었습니다. 그 자식을 관목덤불 아래 두고 하갈은 화살 한 바탕(약 300m) 쯤 떨어진 곳에서 마주 앉아 바라보며 소리 내어 울었습니다. 하나님께서는 아이의 소리를 들으시고 하갈에게 약속의 말씀과 함께 그녀의 눈을 밝히시고 샘물을 보게 하시고 그들을 건지셨습니다.

8. 이스마엘의 후기에 관하여 살펴봅시다(20-21절).

하나님께서 아이와 함께 하셨으며 그가 장성하여 광야에 거하며 활 쏘는 자가 되었고 그가 바란 광야에 거할 때에 그의 어머니가 그를 위하여 애굽 땅에서 아내를 얻어 주었습니다.

묵상

01   하나님의 언약은 무엇으로 말미암아 이루어집니까? 나의 삶을 향한 하나님의 언약은 무엇입니까?

02   이스마엘이 이삭을 핍박하는 것을 육과 영의 대비 속에서 살펴봅시다.

03   아브라함의 근심거리가 된 이스마엘은 우리들에게 어떠한 교훈을 줍니까?

되새김

하나님 자신의 언약은 결국 그 말씀대로 이루어져 사라에게서 아브라함의 아들을 낳았습니다. 특별히 사라를 강조하는 것은 그리스도의 탄생을 예표하는 것입니다. 이삭의 출생, 이스마엘의 핍박과 하갈과 이스마엘의 축출은 단순한 옛이야기가 아닌 그리스도의 탄생, 육과 영의 대립을 예표적으로 보여주는 하나님의 섭리가 담긴 것임을 잊어서는 안 될 것입니다.

PART

24

아비멜렉의 방문
21장22~34절

Key Point

아브라함의 아들, 이삭의 출생에 이어 하나님께서는 아브라함이 거주하는 지역의 통치자와 상호 동맹 관계를 맺게 하심으로 안전을 보장받게 하십니다. 이삭의 출생분만 아니라 이로써 아브라함의 가족은 생존이 보장받게 됩니다. 이미 하나님의 직접적인 관여하심으로 두려워한 아비멜렉은 아브라함의 형통함과 그와 함께 하시는 하나님을 보고 이러한 조약을 맺게 됩니다. 하나님의 백성들에 대한 하나님의 축복을 그 이웃과의 관계 속에서 보여주시는 것입니다.

하나님께서는 아브라함에게 약속의 자녀 이삭을 주셨을 뿐만 아니라 당시의 통치자와 평화조약을 맺게 하심으로 하나님의 보호와 인도하심을 보이셨습니다.

소돔과 고모라의 멸망 이후 그랄로 이주한(창 20:1) 아브라함은 자신의 아내를 잠시 빼앗겼던 슬픈 사건 이후로 아비멜렉의 호의 가운데 계속적으로 블레셋 사람의 땅에 머물렀습니다(창 20:15). 장소적으로 그랄에서 자신의 아내를 누이라 하였고, 아비멜렉의 호의로 머문 블레셋 사람의 땅에서 아들 이삭을 낳았고, 그 땅 곧 브엘세바에서 블레셋 왕 아비멜렉과 계약을 맺었으며, 그 아들 이삭을 받쳤습니다(창 22:19). 곧 창세기 23장에 사라의 죽음 이전 어느 순간까지 오랫동안 아브라함은 블레셋 사람의 땅에 머물렀습니다(창 23:2).

1. 아브라함을 방문한 사람들은 누구입니까?(22절)

그랄 왕 아비멜렉과 군대장관 비골

2. 그들이 본 것은 무엇이었습니까?(22절)

아브라함이 무슨 일을 하든지 하나님이 그와 함께 하시는 것

3. 그들이 원한 것은 무엇이었습니까?(23절)

아브라함이 아비멜렉과 그의 아들과 그의 손자에게 거짓되이 행하지 않기를 하나님을 가리켜 아비멜렉 자신에게 맹세하기를 원하였습니다. 아비멜렉은 자신이 아브라함에게 후대한 대로 아브라함도 아비멜렉과 아브라함이 머무는 땅에 행하기를 맹세하라 하였습니다.

4. 맹세에 앞서 아브라함은 무엇을 해결하려고 하였습니까?(24-26절)

진정한 화평은 과거사에 대한 청산 없이는 온전한 것이 될 수 없습니다. 아브라함은 조약을 체결함에 앞서 아비멜렉의 종들이 아브라함의 우물을 빼앗은 일에 대하여 책망하였으며 아비멜렉은 자신이 이 일을 알지 못하였음을 말하였습니다.

5. 언약을 세우기 위하여 아브라함은 무엇을 하였습니까?(27절)

아브라함은 양과 소를 취하여 아비멜렉에게 주고 두 사람이 서로 언약을 세웠습니다.

6. 아브라함이 일곱 암양 새끼를 따로 놓은 이유는 무엇입니까?(28-30절)

맹세라는 말은 '세바' 곧 일곱이라는 뜻에서 파생된 말입니다. 히브리인들에게 7이라는 숫자는 천지창조의 기간과 관련된 더하거나 뺄 수 없는 완전수로 간주되었습니다. 이제 일곱 암양 새끼를 따로 놓음으로 아브라함은 이 맹세의 엄중성과 신성성을 확고히 하는 것입니다.

7. 브엘세바의 뜻은 무엇입니까?(28-30절)

맹세의 우물 또는 일곱의 우물이라는 뜻입니다.

8. 아브라함은 브엘세바에서 무엇을 하였습니까?(33-34절)

아브라함은 브엘세바에서 에셀나무를 심고 거기서 영원하신 여호와의 이름을 불렀습니다.

묵상

01 아브라함의 참된 보장은 누구십니까? 믿음의 사람들에 대한 하나님의 보장에 관하여 생각해 봅시다.

02 진정한 화평은 어떠한 전제 조건을 필요로 합니까?

03 아브라함은 아비멜렉과의 조약 이후에 누구를 생각하였습니까?

되새김

믿음의 사람의 참된 안전과 보장은 사람에게 있는 것이 아니라 하나님께 있는 것입니다. 믿음의 사람들에 대한 하나님의 축복에 관하여 세상 사람들도 볼 수 있는 것을 믿음의 사람들이 보지 못해서는 안 될 것입니다. 또한 믿음의 사람들은 사람들을 통해서 허락해 주신 축복에 안주하여 참되게 우리들에게 축복해 주시는 하나님을 잊어서는 안 될 것입니다. 아브라함은 아비멜렉과의 조약을 머물지 않고 브엘세바에 에셀나무를 심고 거기서 영원하신 하나님을 불렀던 것입니다.

창세기(상)

제5부

족장사 1
아브라함의 생애-믿음의 완숙기
(22-25장)

PART

25

이삭을 바친 아브라함
22장1~24절

Key Point

하나님의 시험은 우리를 넘어뜨리는 유혹(temptation)이 아닌 우리의 믿음을 드러내고 온전케 하시는 의미의 시험입니다. 하나님께서 아브라함에게 축복하신 후에 이러한 시험 은 아브라함의 안정감이 어디에 있었는가를 우리들에게 분명하게 보입니다. 이것은 한 사 람 아브라함에게만이 아닌 모든 축복받은 사람들이 주목해야 할 부분입니다. 시험에 온 전히 통과한 아브라함은 이제 하나님께서 그의 삶을 통해서 이루시려고 하시는 더 큰 축 복을 약속받게 됩니다. 그것은 바로 메시야에 대한 약속입니다.

"그 일 후에..."(창 22:1)

이는 이삭의 출생 후에 상당한 시간이 흘렸음을 의미합니다. 곧 아브라함의 믿음의 여정의 마지막 시기인 완숙기에 접어들었음을 보입니다.

아브라함의 말기 믿음의 여정-완숙기
이삭을 바친 아브라함(22장)
사라의 죽음(23장)
이삭의 결혼(24장)
아브라함의 죽음(25장)

믿음의 여정은 시험의 연속입니다. 신앙의 무풍지대는 오히려 믿음과 신앙의 성숙에 가장 위험한 요인이 됩니다. 애굽에서의 기근, 조카 롯과의 분가, 소돔 왕의 제안 등을 겪으면서 믿음의 시련을 통해서 성숙하게 된 아브라함에게 하나님께서는 한 가지 시험을 주십니다. 그것은 자신의 사랑하는 독자 이삭을 받치라는 것입니다. 하나님께서는 왜 이러한 일을 요구하셨을까요? 합리적인 이성에 반한 하나님의 요구는 사실 그 비합리적인 일의 사랑으로 우리들을 사랑하셨음을 보이시는 것

입니다. 우리들을 구원하신 하나님의 사랑은 바로 이해할 수 없는 기이하고 놀라운 일이었습니다.

창세기 22장의 이삭을 받침과 창세기 23장의 사라의 죽음, 24장의 이삭의 결혼은 한 개인사의 사적인 이야기가 아닌 구속의 이야기를 담고 있습니다. 까닭 없이, 이유 없이 모리아 산에서 받쳐진 이삭의 이야기(22장), 사라의 죽음(23장), 이삭의 결혼 이야기(24장)가 상세하고 길게 전해지는 것이 아닌 것입니다. 먼저 모리아 산에서 이삭을 받치게 하신 하나님께서는 바로 그 모리아 산에 솔로몬의 성전이 세워지게 하십니다. 이삭을 대신하여 하나님께서 준비하신 어린양을 바라보며 우리의 구원을 위하여 예비된 십자가의 예수 그리스도를 바라보아야 할 것입니다.

■ 창세기 22장의 구조적 이해
　창 22:1-2: 이삭을 바치라는 하나님의 명령
　창 22:3-10: 아브라함의 순종
　창 22:11-19: 여호와 이레
　창 22:20-24: 나홀의 족보

1. '그 일 후'는 무엇을 의미합니까?(1절)
　21장에 나타나는 바 이삭의 출생과 아비멜렉과의 조약을 체결한 후를 의미합니다. 이것은 보다 깊은 의미로서 하나님의 약속된 축복이 그의 삶 가운데 성취된 이후를 의미합니다.

2. 하나님의 시험은 무엇이었습니까?(2절)

네 아들 네 사랑하는 독자 이삭을 데리고 모리아 땅으로 가서 내게 네게 일러 준 한 산에서 그를 번제로 드리라는 것이었습니다.

3. 하나님의 말씀에 아브라함은 어떻게 하였습니까?(3절)

아브라함은 주저함도 없이, 누구와 상의도 없이 아침에 일찍이 일어나 나귀에 안장을 지우고 두 사환과 그 아들 이삭을 데리고 번제에 쓸 나무를 쪼개어 가지고 하나님의 말씀을 따라 떠났습니다. 아브라함이 아침에 일찍이 일어난 것은 그의 믿음의 결단과 고백이 있을 때마다 반복된 일이었으며 그는 주저함 없이 하나님의 명령을 이행하였음을 보여주시는 것입니다. 기도란 하나님의 뜻을 아는 것입니다. 이미 하나님의 뜻을 아는 자에게는 기도의 자리가 아닌 순종의 자리로 나아가는 것입니다. 하나님의 뜻에 대한 순종을 기도의 핑계로 뒤로 미루는 자가 되어서는 안 될 것입니다.

4. 아브라함은 사환에게 무엇이라 이야기하였습니까?(4-5절)

삼일 후에 아브라함은 눈을 들어 그곳을 멀리 바라보고, 종들에게 '너희는 나귀와 함께 여기서 기다리라 내가 아이와 함께 저기 가서 예배하고 우리가 너희에게로 돌아오리라'고 하였습니다.

5. 아브라함과 이삭은 어떻게 동행하였습니까?(6절)

아브라함은 번제 나무를 가져다가 그의 아들 이삭에게 지우고 자기는 불과 칼을 손에 들고 두 사람이 동행하였습니다. 이삭은 그가 독자라는 사실과 약속된 자녀라는 사실, 십자가를 지심과 같이 번제 나무를 지움으로 예수 그리스도를 예표합니다.

6. 이삭은 아버지 아브라함에게 무엇이라 물었으며 아브라함은 어떻게 대답하였습니까?(7-8절)

이삭은 아버지께 '내 아버지여, 불과 나무는 있거니와 번제할 어린 양은 어디 있나이까'라고 물었으며 아브라함은 '내 아들아 번제할 어린 양은 하나님이 자기를 위하여 친히 준비하시리라'고 말하였습니다.

7. 아브라함은 하나님께서 그에게 지시하신 곳에 이르러 무엇을 하였습니까?(9-10절)

아브라함은 그곳에 제단을 쌓고 나무를 벌여놓고 그의 아들 이삭을 결박하여 제단 나무 위에 놓고 손을 내밀어 칼을 잡고 그 아들을 잡으려 하였습니다. 히브리서는 이 땅의 아브라함의 심정에 관하여 다음과 같이 증언합니다.

"아브라함은 시험을 받을 때에 믿음으로 이삭을 드렸으니 그는 약속들을 받은 자로되 그 외아들을 드렸느니라 그에게 이미 말씀하시기를 네 자손이라 칭할 자는 이삭으로 말미암으리라 하셨으니 그가 하나님이 능히 이삭을 죽은 자 가운데서 다시 살리실 줄로 생각한지라 비유컨 대 그를 죽은 자 가운데서 도로 받은 것이니라"(히 11:17-19)

8. 하나님의 첫 번째 말씀은 무엇입니까?(11-12절)

여호와의 사자가 하늘에서부터 아브라함을 불러 '아브라함아 아브라 함아'라 하셨습니다. 그리고 말씀하시기를 "그 아이에게 네 손을 대지 말라 그에게 아무 일도 하지 말라 네가 네 아들 네 독자까지도 내게 아 끼지 아니하였으니 내가 이제야 네가 하나님을 경외하는 줄을 아노라" 고 하였습니다.

9. 아브라함은 무엇으로 하나님께 번제를 드렸습니까?(13절)

아브라함은 눈을 들어 살펴본즉 한 숫양이 뒤에 있는데 뿔이 수풀에 걸려있는 것을 보았습니다. 아브라함은 그 숫양을 가져다가 아들을 대 신하여 번제로 드렸습니다.

10. 하나님은 어떠한 하나님이십니까?(14절)

아브라함이 그 땅 이름을 '여호와 이레'라 하였습니다. 사람들이 이르 기를 여호와의 산에서 준비되리라 하였습니다.

11. 하나님의 두 번째 말씀은 무엇이었습니까?(15-18절)

하나님께서 아브라함에게 '내가 나를 가리켜 맹세하노니 네가 이같이 행하여 네 아들 네 독자도 아끼지 아니하였은즉 내가 네게 큰 복을 주고 네 씨가 크게 번성하여 하늘의 별과 같고 바닷가의 모래와 같게 하리니 네 씨가 그 대적의 성문을 차지하리라 또 네 씨로 말미암아 천하 만민이 복을 받으리니 이는 네가 나의 말을 준행하였음니라'라 하셨습니다.

'성문'은 성의 출입구로서 문을 차지한다는 것은 그 성 자체를 차지한다는 뜻으로 아브라함의 씨가 원수 곧 사단의 권세를 물리치게 될 것을 예고하는 것입니다.

12. 아브라함은 어디로 돌아갔습니까?(19절)

아브라함은 브엘세바로 돌아와 그곳에 거주하였습니다.

13. 20-24절은 어떠한 의미를 가진 구절입니까?(20-24절)

20-24절은 하나님의 언약을 따른 이삭과 야곱의 혈통적인 배경에 관하여 우리들에게 전해 주는 말씀입니다. 즉 이삭이 결혼하게 되는 리브가는 아브라함의 동생 나홀의 아들 브두엘의 딸입니다.

묵상

01 아브라함의 시험은 언제 주어졌으며 이것이 우리들에게 주는 교훈은 무엇입니까?

02 이삭은 어떠한 부분에서 예수 그리스도를 예표하며 어떠한 부분에서 우리들을 대표합니까?

03 시험을 통과한 아브라함의 축복의 의미를 깊이 있게 상고하여 봅시다.

되새김

하나님의 축복은 단순한 이 땅의 복이 아닙니다. 하나님의 축복은 하나님의 하시고자 하시는 일이 나를 통해서 성취되는 것입니다. 아브라함이 복을 받은 것은 하나님께서 이 땅에 하시고자 하신 구속의 사역을 그의 씨를 통해서 성취하신다는 것입니다. 오늘날 우리가 하나님의 말씀을 준행하고 하나님의 말씀 가운데 거할 때에 하나님께서는 또한 우리들의 삶을 통해서 하나님께서 이 땅에 하시고자 하시는 일을 행하시는 것입니다.

PART

26

사라의 죽음
23장1~20절

Key Point

믿음의 삶을 함께 동행했던 사라의 죽음은 단순한 한 여인의 죽음 이상의 의미를 우리들에게 남깁니다. 그녀의 향년은 성경에 유일한 여인의 기록된 향년으로서 그는 교회를 대표하는 열국의 어머니인 것입니다. 이제 사라의 죽음과 심도 있게 다루어 지고 있는 막벨라 굴의 매입 이야기는 한 가족사의 장례 절차가 아닌 구속사적인 관심 속에서 그 의미를 밝혀내야 할 것입니다.

본문 이해

아브라함의 아내 사라는 단지 한 여인으로서가 아닌 그리스도의 신부로 교회를 예표합니다. 그러므로 22장의 모리아 산에 받쳐진 이삭에게서 십자가의 예수 그리스도의 죽음을 보며 23장에서 사라의 죽음을 통해서 성도의 죽음을 바라보는 것입니다. 이는 24장의 이삭과 리브가의 결혼을 통해서 장차 있을 어린 양의 혼인잔치에 관한 구속의 큰 그림을 우리들에게 보여주시는 것입니다.

22장과 23장에는 장소적인 변화가 있습니다. 소돔과 고모라 성의 멸망 이후 그랄로 내려가 블레셋 사람의 땅에 오랫동안 거주하였던 아브라함은 어느 순간 블레셋의 땅 브엘세바에서 가나안 땅 헤브론 곧 기럇아르바로 돌아와 그곳에 거주하였습니다. 믿음의 여정은 바로 하나님의 부르심이 있는 그곳을 찾아가는 여정인 것입니다.

■ 창세기 23장의 구조적 이해
　창 23:1-2: 사라의 죽음
　창 23:3-16: 막벨라 굴의 구입
　창 23:17-20: 사라의 장사

1. 사라의 향년은 몇 세입니까?(1절)

사라의 향년은 127세입니다. 이것은 성경에 기록된 여인으로서의 유일한 향년에 대한 기록입니다. 즉 사라의 특별한 위치는 그가 단순히 아브라함의 동행자였다는 데에 머물지 않고 교회의 한 모형을 우리들에게 보여주시는 것입니다.

2. 사라가 죽은 장소는 어디입니까?(2절)

사라는 가나안 땅 헤브론 곧 기럇아르바에서 죽었습니다. 그랄과 브엘세바에서 아브라함과 사라는 약속의 땅인 가나안의 '기럇아르바'로 돌아온 것으로 보입니다.

3. 아브라함의 사라의 죽음을 어떻게 받아들였습니까?(2-3절)

아브라함은 사라에게로 들어가 슬퍼하고 애통하였습니다. 비록 부활의 신앙이 우리들 가운데 있음에도 불구하고, 이것은 믿음의 사람들이 사랑하는 사람의 죽음 앞에서 가지는 슬퍼함과 애통함을 정죄해서는 안될 것입니다. 슬퍼하는 자와 함께 슬퍼하고 애통하는 자와 함께 애통하는 것이 바른 신앙의 태도입니다. 3절 말씀에서 우리는 아브라함이 자신의 슬픔을 절제하고 일어나는 장면을 살펴볼 수 있습니다. 믿음의 사람들의 소망은 이 땅이 아닌 새 하늘과 새 땅에 있는 것을 기억할 때에 이 땅의 슬픔에 과도하게 메이지 않도록 경계하여야 할 것입니다.

4. 아브라함이 헷 족속에게 가서 원한 것은 무엇입니까?(3-4절)

아브라함은 당시에 그 땅을 지배하고 있었던 헷 족속에게 가서 자신에게 매장지를 주어 소유를 삼아 사라를 장사케 하기를 원하였습니다.

5. 아브라함의 헷 족속에게 대한 태도를 살펴봅시다(4,7,12절).

아브라함은 헷 족속에게 최대한의 예의를 갖추어 대하였습니다. 이것은 우리가 이 땅의 사람들과 필요 없는 마찰을 가지는 삶에 대한 하나의 경계의 말씀이 됩니다. 세상의 가치관은 결코 믿음의 가치관을 이해하지 못합니다. 그러나 우리는 이러한 믿음의 가치관을 위해서 세상의 법과 세상 사람들을 멸시하는 것은 지혜로운 태도가 아닐 것입니다.

6. 헷 족속은 아브라함의 요구에 어떻게 반응하였습니까?(6,11,15절)

아브라함의 매장지를 구하는 첫 번째 요구에 그들은 그들의 묘실 중에 아무 좋은 것을 택하여 사라를 장사케 하라 하였습니다. 아브라함의 소할의 아들 에브론에게 막벨라 굴을 구하는 두 번째 요구에 에브론은 그 밭과 굴을 다 아브라함에게 주겠다고 이야기합니다. 아브라함의 그 밭 값을 지불하겠다는 세 번째 요구에 에브론은 땅 값은 은 사백 세겔이나 마지막까지 거저 주겠다고 이야기하였습니다. 그러나 아브라함은 에브론의 말을 좇아 은 사백 세겔을 달아 에브론에게 주고 그 밭과 굴을 사게 됩니다.

7. 아브라함이 막벨라 굴을 소유로 삼은 것에 관하여 깊이 있게 생각하여 봅시다.

자신의 삶을 위하여 단 한 평의 땅도 구하지 않은 아브라함이 자신의 아내의 죽음의 매장지로 막벨라 굴을 값을 지불하면서까지 매입한 것은 단순한 한 가정사의 이야기로 치부해서는 안 될 것입니다. 죽은 자의 매장에 대하여 이같은 사려깊음에 관하여 당시의 헷 족속은 이해할 수가 없었을 것입니다. 그러나 사라의 죽음은 한 여인의 죽음 이상의 의미를 가집니다. 그녀는 성경에 유일한 향년이 기록된 영광스러운 여인으로서 아브라함과 그 길을 동행하였을 뿐만 아니라 신약의 분명하게 드러난 교회의 모형이 되는 것입니다. 사라의 죽음은 교회가 그리스도 안에서 다시 태어나고 부활할 것을 예표하는 사건으로 이를 막벨라 굴의 매입 사건 속에서 살펴볼 수 있는 것입니다. 매장지를 거저 얻지 않고 값을 지불하고 산 것은 작게는 하나님께서 가나안 땅을 반드시 아브라함의 후손에게 주실 것이라는 언약적인 관점에서 볼 수 있지만, 우리는 더 넓게 자신의 삶을 위해서 단 한 평의 땅도 구하지 않은 아브라함을 통해서 하나님께서는 우리들의 삶이 이 땅에 속하지 않고 하늘에 속한 자로서의 부르심이 있다는 것을 보이시는 것이며 장차 이를 이루실 것에 대한 하나의 표징이 되는 것입니다.

묵 상

01   죽음에 관한 그리스도인으로서의 바른 사후관은 무엇입니까?

02   믿음의 사람으로서의 세상 사람들에 대한 태도와 세상 사람이 믿음의 사람
     들에게 대해 갖는 인식에 관하여 생각하여 봅시다.

03   아브라함과 함께 했던 사라의 삶에 관하여 나누어 봅시다.

되새김

사라의 죽음은 이제 모든 믿음의 사람들이 이 땅에 믿음의 삶뿐만 아니라 죽음
을 당케 됨을 보여줍니다. 그러나 믿음의 사람들이 죽음의 순간까지도, 죽음 가
운데서도 승리하는 것은 결코 죽음으로 끝나지 않는 믿음의 삶에 대한 언약이 있
기 때문입니다. 부활의 소망은 우리로 하여금 이 땅의 슬픔에 질식되지 않게 하
며 약속된 미래를 바라보며 자신의 삶을 믿음으로 승리하게 하시는 것입니다.

PART

27

이삭의 결혼
24장1~68절

Key Point

창세기 24장은 창세기 중에서도 가장 긴 장입니다. 이처럼 긴 장의 의미를 단순히 한 가정의 가족사의 이야기로 치부해서는 안 될 것입니다. 곧 이삭이 아내 리브가를 맞이하는 이야기는 예비된 한 여인을 맞이하는 이야기로서 그리스도의 신부로 예비된 교회가 그리스도께로 인도되는 아름다운 이야기를 담고 있는 것입니다.

본문 이해

    아브라함은 자신의 아들 이삭을 위하여 그 아내를 가나안 땅에서 찾지 아니하고 같은 족속에서 찾음으로 셈족의 혈통 가운데 구속사가 이루어지게 합니다. 이는 하나님의 섭리에 따른 순종이 됩니다. 또한 이삭은 자신의 아내를 묵상 가운데 맞이함으로 성경의 가장 아름다운 그림 중에 한 장면을 이룹니다. 더 나아가 이삭과 리브가의 결혼은 구속사의 역사 가운데 장차 이루어질 어린 양의 혼인 잔치를 예표적으로 보여주시는 것입니다.

■ 창세기 24장의 구조적 이해

    창 24:1-9: 이삭의 아내를 위하여 종을 보낸 아브라함

    창 24:10-28: 종과 리브가의 만남

    창 24:29-61: 라반과 브두엘의 영접

    창 24:62-67: 리브가와 이삭의 만남

1. 아브라함은 그의 종 엘리에셀에게 어떠한 맹세를 하게 하였습니까?(1-9절)

    아브라함의 아들 이삭을 위하여 가나안 땅이 아닌 아브라함의 고향, 그의 족속에게 가서 아내를 택하라고 하였습니다. 만일 여자가 종을 따라오지 아니하면 이 맹세가 상관이 없을 것이나 오직 이삭을 데리고 그

리로 가지는 말라 하였습니다. 종은 주인 아브라함의 허벅지 아래 손을 넣고 이 일에 대하여 그에게 맹세하였습니다.

2. 엘리에셀의 여정을 살펴봅시다(10절).

종은 주인의 약대 중 열 필과 주인의 모든 좋을 것을 가지고 떠나 메소보다미아 나홀의 성에 이르렀습니다.

3. 엘리에셀의 기도를 살펴봅시다(11-14절).

저녁 때에, 여인들이 물을 길으러 나올 때에 나홀의 성에 도착한 엘리에셀은 약대를 성 밖 우물 곁에 꿇렸습니다. 엘리에셀은 이삭의 아내가 될 자를 순조롭게 만나게 하기를 간구하였습니다. 한 소녀에게 너는 물 항아리를 기울여 나로 마시게 하라 할 때에 그의 대답이 '내가 당신의 낙타에게도 마시게 하리라' 하면 그는 주께서 주의 종 이삭을 위하여 정하신 자로 여기겠다는 간구였습니다.

4. 엘리에셀과 리브가의 만남을 살펴봅시다(15-27절).

엘리에셀의 기도가 다 마치기도 전에 리브가가 물 항아리를 어깨에 메고 나오고 있었습니다. 종은 그녀에게 마주 달려가서 청컨대 네 물동이의 물을 내게 조금 마시게 하라 하였습니다. 이에 리브가는 급히 그 물동이를 손에 내려 마시우게 하였을 뿐만 아니라 엘리에셀의 낙타도 위하여 물을 길어 그것들로 배불리 마시게 하겠다 하였습니다. 엘리에셀의 기도는 이같이 응답받았음에도 불구하고 그는 묵묵히 리브가

를 주목하여 여호와께서 과연 자신에게 평탄한 길을 주신 여부를 알고
자 하여 낙타가 마시기를 다한 후에 반 세겔의 금고리 한 개와 열 세겔
의 금 손목고리 한 쌍을 그녀에게 주며 그녀에게 뉘 딸이며, 부친의 집
에 자신이 유숙할 곳이 있는지 여부를 물었습니다. 결국 리브가가 아
브라함의 동생 나홀의 아들 브두엘의 딸인 것을 알고 하나님께 찬양을
돌렸습니다.

5. 라반의 환대를 살펴봅시다(28-33절).

리브가는 이 일을 어머니 집에 알렸고 리브가의 오라비 라반이 우물
로 내려가 엘리에셀과 그의 따르는 자들을 환대하였습니다. 라반은 그
들이 묵을 방과 낙타의 처소를 예비하였으며 그들을 이끌어 집으로 인
도하여 약대의 짐을 부리고 짚과 보리를 약대에게 주고 그 사람들의 발
씻을 물을 주고 그 앞에 식물을 베풀었습니다.

6. 엘리에셀의 진술을 살펴봅시다(24:33-49).

베풀어진 식물에도 불구하고 자신의 일을 진술하기 전에는 그 식물을
먹지 않겠다고 말한 엘리에셀은 다음과 같이 진술하였습니다.

-본문 참조(창 24:33-49)

7. 라반과 브두엘의 대답은 무엇이었습니까?(50-53절)

그들은 이 일이 여호와께로 말미암음을 인정하였으며 이 일이 여호

와께로 말미암은 이상 그 가부를 자신들이 말할 것이 없다 하였습니다. 곧 리브가로 데리고 가서 여호와의 명대로 이삭의 아내가 되게 하라 하였습니다. 이에 아브라함의 종은 그들의 말을 듣고 땅에 엎드리어 여호와께 절하고 은금 패물과 의복을 꺼내어 리브가에게 주고 그 오라비와 어머니에게도 보물을 주었습니다.

8. 아침에 엘리에셀은 무엇을 구하였습니까?(54-58절)

엘리에셀은 아침에 일어나서 지체하지 않고 주인의 집으로 돌아갈 것을 구하였습니다. 이에 리브가의 오라비와 그 어미는 리브가로 적어도 열흘 정도 함께 머물게 하기를 구하였으나 엘리에셀은 그들이 만류치 말 것을 구하였고 이에 그들은 리브가를 불러 그에게 물었을 때에 리브가는 기꺼이 가겠다고 이야기하였습니다.

9. 리브가를 향한 축복을 살펴봅시다(59-60절).

그들은 리브가를 축복하여 다음과 같이 말하였습니다.

"우리 누이여 너는 천만인의 어머니가 될지어다 네 씨로 그 원수의 성문을 얻게 할지어다"(창 24:60)

10. 이삭과 리브가의 만남을 살펴봅시다(61-67절).

이삭은 네게브의 브엘라해로이에서 모친의 장막이 있는 곳으로 올라왔습니다. 이삭이 저물 때에 들에 나가 묵상하다가 약대들이 오는 것을 보았습니다. 리브가가 눈을 들어 이삭을 바라보고 낙타에서 내려 종에게 물어 들에서 배회하다가 우리에게로 마주 오는 자가 아브라함의 아들 이삭임을 알게 되었을 때에 면박을 취하여 스스로 가렸습니다. 이삭은 리브가를 인도하여 모친 사라의 장막에 들이고 그를 취하여 아내를 삼고 사랑하였습니다.

11. 이삭과 리브가의 만남을 그리스도와 그의 신부된 교회와의 관계 속에서 상고하여 봅시다.

　창세기 22장은 아브라함이 그 독자 이삭을 하나님께 바치는 이야기입니다. 즉 창세기 22장의 이삭은 하나님의 독생자 예수 그리스도를 예표하는 것입니다. 하나님께서는 이삭을 대신하여 예비된 한 수양을 받으셨으나 이 이삭을 통해서 우리를 위하여 대신하여 십자가에 죽으신 예수 그리스도를 보이시는 것입니다. 다음으로 창세기 23장은 이삭의 어머니 사라의 죽음으로 그녀의 죽음은 단순한 한 여인의 죽음이 아닌 부활의 소망을 둔 교회의 이 땅에서의 죽음을 의미합니다. 아브라함이 사라를 위하여 막벨라 굴을 예비하고 그 준가를 지불하여 자신의 소유를 삼은 것은 부활의 소망을 둔 잠시의 이별의 슬픔임을 우리들에게 밝힙니다. 이제 24장의 이삭의 결혼 이야기는 예수 그리스도의 죽음, 교회의 죽음 너머에 있는 그리스도의 신부된 교회와 그리스도와의 만남을 우리들에게 보여주는 아름다운 이야기입니다. 이 이야기의 핵심은 아브라함의 종 엘리엘셀의 충성도, 하나님의 예비하심, 인도하심, 리브가의 결단도 아닌 그들의 삶을 통해서 오늘날 우리들에게 보여주시는 바 그리스도의 몸된 교회가 그리스도께로 인도되는 것을 밝히 드러내시는 것입니다.

묵상

01 엘리에셀의 충성됨, 그의 경건과 결단을 살펴봅시다.

02 우리들의 삶에 대한 하나님의 예비하심에 관하여 이야기해 봅시다.

03 60절의 의미를 나누어 봅시다.
"우리 누이여 너는 천만인의 어머니가 될지어다 네 씨로 그 원수의 성 문을 얻게 할지어다"

되새김

이삭은 어머니의 죽음 후에 아내 리브가를 맞이함으로 위로를 얻었습니다. 그러나 하나님께서는 이러한 이삭의 가족사 속에 하나님의 구속의 은혜와 섭리가 담기게 하셨습니다. 우리는 마치 리브가처럼 그리스도께로 인도되는 신부입니다. 리브가가 이삭을 위하여 예비되었듯이 우리들도 장차 그리스도께로 인도된 신부된 교회로 순결함과 거룩함의 삶을 살아야 할 것입니다.

PART

28

아브라함의 죽음
25장1~18절

Key Point

창세기 25장은 아브라함의 죽음을 전합니다. 그러나 갈대아 우르로부터 믿음의 삶을 시작했던 아브라함의 죽음에 대한 기사는 두 족보에 의해 쌓여 있습니다. 하나의 족보는 아브라함이 노년에 후처를 얻은 그두라에 의한 후예들이고, 또 하나는 이스마엘의 후예들입니다. 그두라에 의한 아랍 족속들과 이스마엘에 의한 후손들은 하나님의 약속에 의한 민족이 아니므로 언제나 약속된 민족에 반대 편에 대치되었습니다. 우리는 우리의 노년의 모습까지 아름다운 모습으로 매듭짓기를 간구하여야 할 것입니다.

창세기 25장은 세 가지 특징으로 살펴볼 수 있습니다. 첫째, 아브라함을 통해서 살펴봅니다. 창세기 25장에서 아브라함의 죽음으로 아브라함의 인생이 마치고 있습니다. 12장으로부터 시작된 아브라함의 이야기는 25장에서 마칩니다. 아브라함의 이야기는 출생이 아닌 부르심으로부터 시작합니다. 육적인 출생이 아닌 영적인 출생을 통해서, 믿음의 중요성을 강조하시는 것입니다. 아브라함은 하나님의 구속의 청사진에서 하나님의 약속을 보여주십니다. 이 약속은 결국 신약의 예수 그리스도에게서 성취됩니다. 그러므로 마태복음은 그 시작을 '아브라함과 다윗의 자손 예수 그리스도의 계보라'(마 1:1)라고 하였으며 이는 아브라함과 다윗의 약속의 성취를 가르치시는 것입니다.

둘째, 야곱을 통해서 살펴봅시다. 창세기 25장에서 야곱의 이야기가 시작됩니다. 창세기 25장에서 아브라함은 죽고, 그의 손자 야곱이 출생합니다. 창세기의 두 번째 큰 구속의 청사진은 야곱의 이야기이며, 야곱의 이야기가 25장에서 35장에 이릅니다. 야곱의 생애와 요셉의 생애에 말씀은 창세기 하에서 살펴볼 수 있을 것입니다.

셋째, 이삭을 통해서 살펴봅니다. 창세기 25장에서 아브라함의 죽음 이후에 이삭 이야기가 주도적이지 못한 이유를 보여줍니다. 이삭의 이야기는 그의 출생(21장), 모리아 사건(22장), 어머니 사라의 죽음(23장), 결혼(24장)에 이어 이제는 주도적일 수 있을 것입니다. 실제적으로 26장에는 이삭과 관련된 이야기입니다. 그러나 이삭의 이야기는 주도적이지 못하고, 아브라함의 이야기로, 야곱의 이야기로 묻히고 맙니다. 이는 이삭의 처음 아름다운 출발과 더불어 그의 눈만큼이나 어두워 갔던 영적 결말을 보여줍니다. 보다 자세한 이야기는 창세기 하에서 살필 수 있습니다.

■ 창세기 25장의 구조적 이해

　창 25:1-6: 그두라의 후손
　창 25:7-11: 아브라함의 죽음
　창 25:12-18: 이스마엘의 후손

1. 아브라함의 후처의 자손들에 대해서 살펴봅시다(1-6절).

　아브라함은 '그두라'라는 후처를 취하였습니다. 그두라는 아브라함에게서 6명의 아들을 낳았습니다. 시므란, 욕산, 므단, 미디안, 이스박, 수아입니다. 아브라함의 그두라에 의한 손자들로서 욕산은 스바와 드단을 낳았고, 드단은 앗수르 족속과 르두시 족속과 르움미 족속이며 미디안의 아들은 에바와 에벨과 하녹과 아비다와 엘다아로서 다 그두라의 자손이었습니다. 아브라함의 긴 생애와 이스마엘의 출생과 이삭의 출생에 비해 짧은 후처의 이야기는 하나님의 약속이 이 땅에 속해 있지 않음을 보여줌과 동시에 마지막까지 약속 가운데 거하지 못한 아브라함의 연약함에 관하여 보여주고 있습니다. 결국 아브라함이 그두라를 통해서 낳은 자손들은 믿음의 자손들의 걸림돌이 되었음을 잊지 말아야 할 것입니다. 아브라함은 자기 서자들에게도 재물을 주어 자기 생전에 그들로 자기 아들 이삭을 떠나 동방 곧 동국으로 가게 하였습니다. 아브라함은 서자들이 약속의 자녀인 이삭과 대립되기를 원치 않았던 것입니다. 그러나 이러한 아브라함의 조치에도 불구하고 약속의 자녀가 아닌 후손들은 결국 이스라엘의 걸림돌이 되었습니다.

2. 아브라함의 죽음에 관하여 살펴봅시다(7-10절).

아브라함은 향년 175세에 기운이 진하여 자기 열조에게로 돌아갔습니다. 아브라함의 죽음에 그 아들 이삭과 이스마엘이 마므레 앞 헷 족속 소할의 아들 에브론의 밭에 있는 막벨라 굴에 장사하였습니다.

3. 아브라함의 죽음 이후에 이삭은 어디에 머물었습니까?(11절)

이삭은 브엘 라해로이 근처에 거하였습니다.

4. 이스마엘의 후예들에 관하여 살펴봅시다(12-18절).

이스마엘의 아들은 느바욧, 게달, 앗브엘, 밉삼, 미스마, 두마, 맛사, 하닷, 데마, 여둘, 나비스, 게드마로서 이들은 이스마엘의 아들들이며 그 촌과 부락대로 된 이름이며 그 족속대로 십 이 방백이었습니다. 이스마엘은 향년 137세에 기운이 진하여 자기 열조에게로 돌아갔고 그 자손들은 하윌라에서부터 앗수르로 통하는 애굽 앞 술까지 이르러 그 모든 형제의 맞은편에 거하였습니다.

묵상

01 하나님의 약속의 성취는 이 땅의 안목과 하늘의 안목이 어떻게 다릅니까?

02 믿음의 사람들을 넘어지게 하는 것의 근원은 어디로부터 말미암은 것입니까?

03 아브라함의 인생을 정리하며 우리가 아브라함으로부터 얻는 교훈들을 정리하여 봅시다.

되새김

믿음의 조상 아브라함, 그러나 연약했던 한 믿음의 선진의 죽음의 이야기는 그리 아름답지 못하게 매듭지어집니다. 그러나 우리들은 그가 우리들 앞서 보여준 믿음의 삶과 승리를 그의 연약함 속에서도 기억하여야 할 것입니다. 우리가 기대하는 것은 어떠한 위대한 위인이 아닌 인생의 연약함 속에서 여전히 승리하시고 계속하시는 하나님의 경륜과 그의 섭리 속에서 나타나는 하나님의 은혜라는 점에서 우리의 눈은 한시라도 하나님께로부터 벗어나서는 안 될 것입니다.

참고도서

- kikawada, I. and Quinn, A. 『Before Abraham Was: The Unity of Genesis 1-11』. Nashville: Abingdon, 1985.
- Arnold, Bill T. 『New Cambridge Bible Commentary: Genesis』. Cambridge: Cambridge University press, 2009.
- Hamilton, Victor P. 『New International Commentary on the Old Testament: The Book of Genesis』. Grand Rapids: Eerdmans, 1990.
- Machintosh, C. H. 『창세기』. 서울: 생명의 말씀사, 1999.
- Wenham, G. J. 『WBC 성경주석: 창세기(상)』. 서울: 솔로몬, 2001.
- Wenham, G. J. 『WBC 성경주석: 창세기(하)』. 서울: 솔로몬, 2001.
- Rad, G. V. 『국제성서주석: 창세기』. 서울: 한국신학연구소, 1981.
- Brueggemann, W. 『현대성서주석: 창세기』. 서울: 한국장로교출판사, 2000.
- Westermann, C. 『창세기 주석』. 서울: 한들, 1998.
- Morris, Henry M. 『The Genesis Record』.
- 이종윤. 『창세기 I』. 서울: 필그림출판사, 1995.
- 이종윤. 『창세기 II』. 서울: 필그림출판사, 1995.
- 박호용. 『창세기 주석』. 서울: 예사빠전, 2015.
- 김의원. 『창세기 연구』. 서울: 기독교문서선교회, 2013.
- 유재원. 『창세기 강해 제1장』. 서울: 민영사, 1994.
- 박윤식. 『창세기의 족보』. 서울: 휘선, 2009.
- 천사무엘. 『대한기독교서회 창립 100주년 기념 성서주석: 창세기』. 서울: 대한기독교서회, 2001.
- 송병현. 『엑스포지멘터리 창세기』. 서울: 국제제자훈련원, 2010.
- 김영진. 『토라: 오경입문서』. 서울: 한들, 2005.

- 유동근.『창세기 강해』. 서울: 벧엘, 2004.
- 김서택.『창세기 강해설교 1−10권』. 서울: 홍성사, 1997.

창세기(상)

초판인쇄일 _ 2023년 1월 27일
초판발행일 _ 2023년 1월 27일

펴낸이 _ 임경묵
펴낸곳 _ 도서출판 다바르

주소 _ 인천 서구 건지로 242, A동 401호(가좌동)
전화 _ 032) 574-8291

지은이 _ 임경묵 목사
　　　　연세대학교 신학과 졸업
　　　　장로회신학대학교 신대원 졸업(M.Div.)
　　　　장로회신학대학교 대학원 졸업(Th.M.)
　　　　현) 주향교회 담임목사
　　　　현) 다바르 말씀사역원 원장

기획 및 편집 _ 장원문화인쇄
인쇄 _ 장원문화인쇄

ISBN 979-11-979511-1-4